# Christian Teubner
# Weihnachtsbäckerei

So schmeckt's noch besser...

Christian Teubner

# Weihnachtsbäckerei

**Das neue Bildbackbuch – jedes Rezept mit Farbfoto**

Gräfe und Unzer

# Inhalt

**Ein Wort zuvor** 5

**Backtechnik kurzgefaßt** 6

**Honigkuchen und Lebkuchen** 8

Braune Kuchen 8
Schokoladen-Sirupkuchen 8
Braune Kuchen mit Zitronenglasur 8
Schokoladen-Pfeffernüsse 10
Vollkorn-Pfeffernüsse 10
Adventskalender 12
Rheinische Spitzkuchen 14
Schokoladen-Honigkuchen 16
Honigkuchen vom Blech 16
Elisenlebkuchen 18
Schokoladenlebkuchen 18
Knusperhäuschen 20

**Gewürzgebäck** 22

Orangenplätzchen 22
Baseler Vollkornleckerli 22
Gewürzspekulatius 24
Gewürzschnitten 26
Gewürz-Schokoladenschnitten 26
Pomeranzenplätzchen 26

**Eigebäck** 28

Springerle 28
Anisplätzchen 30
Badener Chräbeli 30
Baiser-Baumbehang 32
Makronen-Baumbehang 32

**Butterplätzchen und Mürbgebäck** 34

Zartes Buttergebäck 34
Nougat-Halbmonde 34
Himbeersternchen 34
Schwarz-Weiß-Gebäck 37
Arrakbrezeln 38
Schokoladenbrezeln 38
Pangani 40
Muskatzonen 40
Schwäbische Butter-S 42
Orangenzungen 42
Schokoladen-Nußstangen 44
Spritzgebäckschleifen 44
Kuvertüre temperieren 47
Husaren-Krapferln 48
Haselnußtaler 48
Butterbrote 50
Mailänderli 50
Himbeerringe 52
Garniertes Himbeergebäck 52
Linzer Kranzerl 52
Ischler Mandelschnitten 54
Vanillekipferl 54
Walnußherzen 56
Schokoladenherzen 56
Orangenkekse 58
Aprikosentaler 58
Himbeertaler 58
Heidesand 60
Gefüllter Heidesand 60
Dänische braune Kuchen 60

**Hefegebäck** 62

Österreichischer Striezel 62
Christstollen 64
Wie man einen Stollen formt 67
Christbrot 70
Mandelstollen 70
Pistazienstollen 71

**Makronen und Marzipangebäck** 72

Bärentatzen 72
Nuß-Japonais 72
Kokosmakronen 74
Feigenmakronen 74
Walnußmakronen 74
Spezialmakronen 76
Makronenhütchen 76
Hägenmakronen 78
Himbeerschäumchen 78
Pecannußmakronen 78
Frankfurter Bethmännchen 80
Marzipanbrote 80
Marzipankartoffeln 80
Makronenschnitten 82
Eigelbmakronen 82
Zimtsterne 84
Basler Brunsli 84

**Spezialitäten** 86

Weihnachts-Baumstamm 86
Hutzelbrot 88
Grittibänz 90
Panettone 92

**Alphabetisches Rezeptregister** 94

# Ein Wort zuvor

Mit diesem neuen farbigen Bildbackbuch ist's vergnüglich und unkompliziert, die köstlichsten Weihnachtsbäckereien selber zu machen. Hier sind die besten Rezepte versammelt – nach Teigarten geordnet – und jedes Rezept gelingt garantiert. Jedes Plätzchen, jeder Stollen und Honigkuchen ist abgebildet und jedes der Farbfotos zeigt genau, wie garniert, geformt und geschmückt wird. Alles, was möglicherweise beim Zubereiten etwas schwieriger sein könnte, wird in anschaulichen Schritt-für-Schritt-Fotos dargestellt.

Auf die Angabe von Joule/Kalorien habe ich allerdings verzichtet, nicht nur, um Ihnen den Appetit auf das Selbstgebackene nicht zu verderben, sondern weil es kaum möglich ist, genaue Angaben zu machen. Jeden Teig kann man verschieden dick ausrollen, aus jeder Teigmenge läßt sich eine andere Stückzahl fabrizieren, aus jedem Stollen kann man dicke und dünne Scheiben schneiden. So bliebe als Lösung nur, die Gesamtzahl der Kalorien anzugeben, die aber ohne wirklichen Aussagewert ist.

Für dieses Weihnachtsbackbuch wurden die schönsten und beliebtesten Rezepte zusammengestellt. Dabei berücksichtigte ich die Wünsche vieler Hobbybäcker, die aus langen Listen die Rezepte ausgesucht haben, die ihrer Meinung nach ein Buch mit dem Titel ›Weihnachtsbäckerei‹ enthalten sollte. Das Ergebnis dieser Umfrage war mit Grundlage für die endgültige Auswahl, die ich dann getroffen und in diesem Buch zusammengefaßt habe. Ich hoffe, daß nun jeder das findet, was er am liebsten backen möchte und jeder vom Ergebnis sagen wird: So schmeckt's noch besser ...

Weihnachten und Backen gehören unbedingt zusammen. Diese Tradition bedarf keiner großen Erklärungen. Daß aber alle Jahre wieder so viele Menschen diesem ›Plätzchenfieber‹ erliegen, ist beinahe unbegreiflich, wo uns doch Handel und Industrie spätestens nach den Sommerferien Lebkuchen und Honigkuchen, Plätzchen, Stollen und Weihnachtsmänner in Hülle und Fülle anbieten. Man sollte meinen, daß dadurch ein Wunsch, selber zu backen, kaum aufkommt. Aber weit gefehlt, selbst ausgesprochene Backmuffel, die das ganze Jahr über nicht mit einem Stäubchen Mehl in Berührung kommen, geschweige denn ein Backblech aus dem Ofen ziehen, kneten, formen, backen, glasieren und garnieren mit ausdauernder Begeisterung. Sicherlich ist es die Freude am schöpferischen Gestalten, die die Weihnachtsbäckerei für viele so reizvoll macht. Hat man die Rezeptur genau befolgt, kann man dann beim Schmücken und Garnieren seiner Phantasie freien Lauf lassen.

Vielleicht ist es aber auch der Duft der Gewürze, vielleicht sind es Erinnerungen an Kindheitstage, als tagelang gebacken wurde und die sich allmählich füllenden Keksdosen das Näherrücken des Weihnachtsfestes ankündigten; vielleicht ist es auch der Wunsch, einmal im Jahr anderen mit etwas Selbstgemachtem eine Freude zu bereiten. Mit Herzen oder Sternchen aus Butterteig, mit kunstvoll bemalten Springerle, mit selbstgefertigtem Baumschmuck oder gar Knusperhäuschen für die Kinder ermöglicht es uns die Weihnachtsbäckerei, solchen Wünschen, Sehnsüchten und Erinnerungen Gestalt zu verleihen.

Aber nicht zuletzt die Qualität der Zutaten und damit des Endprodukts sprechen für das Backen zur Weihnachtszeit. Denn man hat es selbst in der Hand, mit den frischesten und besten Sachen das geschmacklich unvergleichliche Ergebnis zu erzielen.

Daß nun alles gut gelingt und Ihnen und anderen viel Freude bereitet, wünscht Ihnen

Ihr
Christian Teubner

# Backtechnik kurzgefaßt

Für das »Selberbacken« von Weihnachtsplätzchen, von Christstollen, Lebkuchen mag es viele Gründe geben. Der wichtigste Grund aber ist doch immer die Qualität. Um sie zu bekommen, muß man schon unbedingt einige sehr wichtige Punkte beachten. Die Rezepte in diesem Buch sind allesamt sicher nicht besonders schwierig, aber für ein gutes Gelingen ist es doch ratsam, die Zutaten sehr genau abzuwiegen oder abzumessen und den Anweisungen für die Zubereitung zu folgen. Aber kein Rezept kann so genau beschrieben werden, daß es nicht doch manchmal kleine Probleme gäbe, man denke nur an die Backtemperaturen und Backzeiten. Die sind weitestgehend abhängig vom Verhalten des eigenen Backofens. Selbst beim traditionellen Ofen mit Strahlungshitze gibt es zwischen den einzelnen Modellen oft Differenzen von 20 und mehr Grad. Von den Unterschieden, die sich zu den Umluftherden ergeben, einmal ganz zu schweigen. Deswegen sei jedem Hausbäcker geraten, sich erstens wirklich genau nach der Gebrauchsanweisung seines Backofens zu richten und zum anderen seine unterschiedlichen Erfahrungen aufzuschreiben und mit einzubringen.

Ganz besonders vorsichtig muß man bei Flachgebäcken sein, das sind zum Beispiel die meisten Buttergebäcke und auch teilweise die Honigkuchen. Die Temperatur- und Zeitangaben in den Rezepten darf man nur als Richtwerte verstehen, und um ganz sicher zu gehen, sollte man 2 oder 3 Plätzchen zur Probe backen. Nach den Angaben über die Zubereitung von Teigen sollte man sich ebenfalls richten und sich so exakt wie möglich an die Rezepte halten, die wohlerprobt sind. Auch solche scheinbaren Nebensächlichkeiten wie Kühlphasen oder Trocknungszeiten sind oft sehr ausschlaggebend für ein gutes Ergebnis. Das sollte man sich eigentlich für alle Kleingebäcksorten zur Regel machen, weil man sich dadurch viel Ärger erspart. Oft läßt sich nämlich ein Teig, der zu stark auseinanderläuft, mit etwas Mehl festigen. Eine zu weiche Makronenmasse läßt sich besser verarbeiten, wenn man noch mehr gemahlene Mandeln in den Teig mengt. Das gleiche gilt auch für die weitere Verarbeitung des Gebäcks, für das Glasieren und das Tauchen in Kuvertüre. Auch hier sollte man erst wenige Plätzchen »behandeln« und das Ergebnis abwarten. Denn auch hier kann man korrigierend eingreifen, wenn eine Glasur zu fest oder die Kuvertüre zu warm war.

**Die Zutaten:** Nur beste, natürliche und frische Produkte verwenden! Das trifft besonders für Butter, Fette und Eier zu. Aber auch bei Nüssen und Mandeln oder Zitronat und Orangeat sollte darauf geachtet werden, daß man nicht die Ware vom Vorjahr einkauft. Besonders bei Nüssen, Mandeln und Pistazien ist das schwer nachprüfbar. Sie werden ja auch oft schon gehackt, gestiftelt oder gehobelt angeboten. Dies ist zwar sehr praktisch, aber das Aroma leidet doch etwas darunter. Wer sich die Mühe macht, Mandeln oder Pistazien selbst zu schälen und weiterzuverarbeiten, hat unbedingt einen qualitativen Vorsprung. Dasselbe gilt auch für bereits gewürfelt angebotenes Zitronat oder Orangeat.

**Marzipan:** Für viele Weihnachtsbäckereien wird Marzipan verwendet. Man kann es zwar selbst herstellen, aber bei weitem nicht in einer so guten Qualität, wie es heutzutage von der Industrie geliefert wird. Deshalb beziehen sich die Angaben in den Rezepten auf Marzipan-Rohmasse, wie sie im Handel angeboten wird.

**Gewürze:** Beim Kauf sollte man wählerisch sein, denn sie verlieren recht schnell ihr Aroma. Für abgeriebene Orangen- oder Zitronenschale grundsätzlich nur ungespritzte Früchte (wie sie im Reformhaus erhältlich sind) verwenden. Auch bei Rosinen nur ungeschwefelte Sorten verlangen. Für die Vollkornrezepte in diesem Buch kann man natürlich das Mehl auch selbst mahlen.

**Schokolade:** Sie ist bei der Weihnachtsbäckerei oft ein Ärgernis. Verwendet man echte Schokolade, also Kuvertüre, so wird sie meistens grau und unansehnlich. Verwendet man stattdessen Schokoladenfettglasur, geht man diesem Problem aus dem Wege. Sie ist aber wirklich nur Ersatz und hält einen geschmacklichen Vergleich mit echter Schokolade nicht stand. Eine Bildfolge auf Seite 48 zeigt genau, wie man Schokolade richtig behandelt, damit sie gut schmeckt und trotzdem glänzt.

**Terminkalender:** Wer für die Festtage bäckt, wird sich sicher nicht mit einer Plätzchensorte zufriedengeben. Man sollte sich deshalb schon einen kleinen Plan zurechtlegen, wann was gebakken werden soll. Es gibt ja eine Reihe von Gebäcken wie zum Beispiel verschiedene Honigkuchen, Früchtebrote oder auch schwere Stollen, die durch entsprechende Lagerung nur besser werden. Auch verschiedene Makronenrezepte, Marzipankartoffeln, Elisenlebkuchen lassen sich schon einige Wochen vor dem Fest zubereiten. Gebäcke wie Pfeffernüsse und Spitzkuchen verlangen geradezu nach einer längeren Lagerzeit, weil sie dadurch weich und mürbe werden. Die vielen Buttergebäcke sind ebenfalls lagerfähig, man kann sie zum Teil auch einfrieren. Frisch schmekken sie aber natürlich doch am besten und noch besser, wenn man sie so ganz gegen die Regel schon während der Adventszeit ißt.

**Wie man Zucker kocht:** Zucker wird nicht nur in Form von Streuzucker oder als Staub- oder Puderzucker verwendet, sondern sehr oft auch in flüssiger Form zum Beispiel für bestimmte Glasuren, die auch in der Weihnachtsbäckerei verwendet werden. Um Zucker zu kochen, muß der Streuzucker zunächst einmal mit Wasser vermischt werden. Je nachdem, wie stark der Wasseranteil in dieser Mischung dann durch das Kochen reduziert wird, verändert sich auch die Konsistenz. Hier das Rezept:

500 g Staubzucker mit 1 Liter Wasser vermischen. Diese Mischung zum Kochen bringen, bis sich der Zucker klärt, das heißt, bis er sich vollständig im Wasser aufgelöst hat. Nach etwa 2–3 Minuten ist ein leichter Sirup entstanden, den man auf vielfältige Weise zum Backen verwenden kann, wie etwa zum Süßen von Glasuren. Kocht man diese Flüssigkeit weitere 5 Minuten, so entsteht ein etwas dichterer Zuckersirup, der sich hervorragend längere Zeit hält.

Für Glasuren ist dann die nächste Zuckerprobe sehr wichtig, nämlich der »schwache Faden«. Dafür wird der Zucker bei schwacher Hitze weitergekocht bis 104°. Diesen Kochgrad kann man auch ohne Zuckerthermometer prüfen. Daumen und Zeigefinger mit kaltem Wasser benetzen, dann ganz schnell mit dem Zeigefinger etwas Zuckerlösung herausholen und Zeigefinger und Daumen schnell hintereinander auf und zu machen. Entsteht dadurch ein dünner Faden, ist der richtige Grad erreicht.

Flüssiger Zucker wird noch dichter wenn er bis zum »Ballen« gekocht wird. Dafür läßt man den Zucker langsam bis etwa 116° weiterkochen. Auch das kann man ohne Thermometer messen, indem man mit dem Kochlöffel etwas Zuckersirup herausholt, Zeigefinger und Daumen mit Eiswasser anfeuchtet, etwas von diesem Sirup dazwischennimmt und sofort wieder in das Eiswasser taucht. Wenn sich die Lösung leicht zu einer Kugel, beziehungsweise zu einem Ballen rollen läßt, ist auch hier der richtige Grad erreicht.

**Aprikotieren und mit Fondant glasieren:** Damit schafft man die Möglichkeit, Kuchen und auch Gebäck längere Zeit saftig und frisch zu halten. 50 g Zucker werden mit 4 cl (2 Schnapsgläser) Wasser und 1 Teelöffel Zitronensaft aufgekocht, bis die Flüssigkeit klar ist, dann werden 100 g Aprikosenmarmelade dazugegeben und unter Rühren etwa 4–5 Minuten eingekocht. Mit dieser Aprikotur wird das Gebäck bestrichen. 10–15 Minuten antrocknen lassen. In der Zwischenzeit wird der Fondant im Wasserbad aufgelöst, eventuell mit etwas Eiweiß oder Zitronensaft verdünnt und dann dünn auf das Gebäck gestrichen.

**Aufbewahren von Weihnachtsgebäck:** Dabei sollte immer daran gedacht werden, daß jede Sorte einzeln und nicht gemischt in Dosen verpackt wird. Nur so kann das Gebäck seinen Eigengeschmack bewahren.

# Honigkuchen und Lebkuchen

## Braune Kuchen

| Zutaten für 25 Stück |
|---|
| 200 g Rübensirup |
| 50 g Honig |
| 100 g Schweineschmalz |
| 180 g Zucker · 500 g Mehl |
| 2 Teel. gemahlener Zimt |
| ½ Teel. gemahlener Kardamom |
| ½ Teel. gemahlene Nelken |
| 1 Messerspitze Salz |
| 4–5 EBl. Milch |
| 8 g Pottasche |
| 200 g geschälte Mandeln |
| 50 g Zitronat im Stück |
| Außerdem: |
| Butter zum Einfetten |
| des Backblechs |
| 1 Eigelb zum Bestreichen |

Zubereitungszeit: 1 Stunde und 20 Minuten
Ruhezeit: 1–2 Stunden
Backzeit: etwa 8–12 Minuten

Den Sirup, den Bienenhonig, das Schweineschmalz und den Zucker in eine Kasserolle geben und aufkochen lassen.
Das Mehl auf ein Backbrett sieben und in die Mitte eine Mulde drücken. Die Gewürze zufügen, die abgekühlte Sirupmischung hineingeben und einen weichen Teig kneten.
Zum Schluß die in Milch aufgelöste Pottasche darunterarbeiten. Den Teig für 1–2 Stunden ruhen lassen.
Dann sehr dünn ausrollen und etwa 5×8 cm große Rechtecke schneiden.

Das Backblech einfetten. Das Eigelb verquirlen. Den Backofen auf 210° vorheizen.
Das Zitronat in Scheibchen schneiden.
Die Teigstücke auf das Backblech legen, die Teigoberfläche mit Eigelb bestreichen und jedes Rechteck mit Mandelhälften und Zitronatscheibchen garnieren.
Auf der mittleren Schiebeleiste in etwa 8–12 Minuten knusprig braun backen. Da das Gebäck sehr dünn ausgerollt ist und bei relativ starker Hitze gebacken wird, ist die Gefahr groß, daß es zu dunkel wird. Also die letzten Minuten »nach Sicht« backen.

### Variante: Schokoladen-Sirupkuchen

Dieses Gebäck wird nach dem gleichen Rezept zubereitet wie die »Braunen Kuchen«, doch wird es nicht mit Eigelb bestrichen und auch nicht mit Mandeln garniert. Die abgekühlten Kuchen werden nach dem Backen mit Kuvertüre (s. Seite 47) überzogen. Einen besonders dünnen Überzug erhält man, wenn man die Schokolade mit einem Pinsel aufträgt. Taucht man die ganzen Gebäckstücke in Kuvertüre, dann sollte man soviel wie möglich von der Schokolade wieder abklopfen und die Unterseite der Kuchen am Schüsselrand abstreifen. Zum Erstarren auf Pergamentpapier legen und, bevor die Schokolade fest wird, mit Mandelhälften und Zitronat garnieren.

### Variante: Braune Kuchen mit Zitronenglasur

Diese süßsäuerliche Glasur paßt ganz hervorragend zu den Honigkuchen. Dafür werden 2 EBl. Zitronensaft und 2 cl (1 Schnapsglas) Rum mit 100 g gesiebtem Puderzucker verrührt. Die Glasur soll sehr dünnflüssig sein, deshalb, falls nötig, noch etwas Zitronensaft zugeben. Die »Braunen Kuchen« werden wie beim ersten Rezept mit Mandeln belegt und gebacken. Noch warm werden sie mit der Glasur bestrichen. Man läßt sie auf einem Holzbrett, noch besser auf einem Kuchengitter, vollkommen abtrocknen.

# Honigkuchen und Lebkuchen

## Schokoladen-Pfeffernüsse

Pfeffernüsse gehören zu den ältesten Weihnachtsgebäcken. Sie stammen noch aus einer Zeit, als der Zucker unerschwinglich teuer war. Man süßte mit Honig und Sirup und vor allem mit Gewürzen war man nicht kleinlich.

| Zutaten für etwa 80 Stück: |
| --- |
| 500 g Mehl · 50 g Kakao |
| 100 g geschälte, gehackte Mandeln |
| 50 g gewürfeltes Zitronat |
| abgeriebene Schale von 1 Zitrone, unbehandelt |
| 1 Teel. gemahlener Zimt |
| 1 Teel. gemahlener weißer Pfeffer |
| ¼ Teel. Macis (Muskatblüte) |
| ¼ Teel. Salz · 250 g Honig |
| 100 g Rübensirup |
| 150 g brauner Zucker |
| 150 g Butter |
| 15 g Pottasche · 4 EBl. Sahne |
| Butter zum Einfetten des Backblechs |
| 500–700 g Kuvertüre oder Schokoladenfettglasur |
| Pergamentpapier |

Zubereitungszeit: 60 Minuten
Ruhezeit: einige Stunden
Backzeit: etwa 15 Minuten pro Blech

Das Mehl mit dem Kakao in eine Schüssel sieben. Die Mandeln, das Zitronat und die Gewürze mit dem Mehl innig vermischen.
Den Honig mit dem Sirup einmal aufkochen lassen, vom Herd nehmen und den Zucker darin auflösen. Abgekühlt mit dem Mehl und der Butter vermengen.
Die Pottasche in der Sahne auflösen, zu dem Teig geben, glatt kneten und für einige Stunden ruhen lassen.
Den Backofen auf 180° vorheizen.
Den Teig in gleich große Würfel schneiden und daraus Kugeln formen, diese auf ein gefettetes Backblech legen und auf der mittleren Schiene des Backofens etwa 15 Minuten backen, herausnehmen und abkühlen lassen.
Die Kuvertüre wie auf Seite 47 beschrieben verarbeiten, die Pfeffernüsse hineintauchen, auf dem Schüsselrand gut abklopfen und vielleicht zusätzlich noch pusten, damit möglichst viel Schokolade wieder ablaufen kann. Zum Trocknen auf Pergamentpapier setzen.

## Vollkorn-Pfeffernüsse

| Zutaten für etwa 80 Stück: |
| --- |
| 400 g Grahammehl Type 1700 |
| 150 g Weizenmehl |
| 80 g Korinthen |
| 50 g gewürfeltes Zitronat |
| 150 g gehackte Feigen |
| abgeriebene Schale von 1 Zitrone, unbehandelt |
| 2 Teel. gemahlener Zimt |
| 2 Teel. gemahlener Piment |
| ½ Teel. gemahlener Ingwer |
| ¼ Teel. Salz · 250 g Honig |
| 150 g brauner Zucker |
| 200 g Butter |
| 12 g Pottasche · 3 EBl. Milch |
| Butter zum Einfetten des Backblechs |

Zubereitungszeit: 60 Minuten
Ruhezeit: einige Stunden
Backzeit: etwa 15 Minuten pro Blech

Beide Mehlsorten mit den Korinthen, dem Zitronat, den Feigen und den Gewürzen in einer Schüssel vermischen. Auf die Arbeitsplatte schütten und in die Mitte eine Vertiefung drücken.
Den Honig erhitzen, den Zucker darin auflösen und diese Mischung etwas abkühlen lassen. Dann die Butter in Stücken hinzugeben und darin auflösen. Abgekühlt in die Mehlmulde schütten und alles zu einem Teig kneten.
Die Pottasche in der Milch auflösen, dazugeben und weiterkneten, bis ein glatter Teig entstanden ist. Diesen einige Stunden ruhen lassen.
Den Backofen auf 180° vorheizen.
Den Teig in gleich große Würfel schneiden und Kugeln daraus formen.
Mit genügend Abstand voneinander auf ein gefettetes Backblech setzen und auf der mittleren Schiebeleiste des Backofens in 15 Minuten backen.

# Honigkuchen und Lebkuchen

## Adventskalender

| |
|---|
| 350 g Honig · 200 g Zucker |
| 2 Eier · ¼ Teel. Salz |
| 50 g feingewürfeltes Orangeat |
| 50 g feingewürfeltes Zitronat |
| 1 Teel. gemahlener Zimt |
| ½ Teel. gemahlene Nelken |
| ¼ Teel. gemahlener Kardamom |
| 850 g Mehl |
| 1½ Päckchen Backpulver |
| Für die Spritzglasur: |
| 500 g Puderzucker |
| 3 Eiweiß |
| Für den Nikolaus: |
| 100 g Marzipan-Rohmasse |
| 80 g Puderzucker |
| Außerdem: |
| Lebensmittelfarbe, Golddragees |
| bunter Zucker |

Zubereitungszeit: 3–4 Stunden
Backzeit: 20 Minuten

Ein Backblech von 43 × 33 cm einfetten.
Den Honig und den Zucker unter Rühren erhitzen, bis beides glatt verschmolzen ist. Vom Herd nehmen und weiterrühren, bis die Masse lauwarm ist.
Die Eier mit dem Salz verquirlen. Das Zitronat und das Orangeat mit den Eiern, den Gewürzen und dem mit dem Backpulver gesiebten Mehl unter die Honigmasse ziehen und gut durchkneten.
Den Backofen auf 220° vorheizen.
Den Teig auf der mit Mehl bestaubten Arbeitsfläche zu einer etwa 1 cm dicken Platte in Größe des Backblechs ausrollen, auf das Blech legen, mit einer Stricknadel mehrfach einstechen und im Backofen auf der mittleren Schiebeleiste 20 Minuten backen. Wirft der Teig Blasen, nochmals mit der Nadel einstechen.
Die Teigplatte 5 Minuten abkühlen lassen, mit einer Palette vom Blech heben und auf einem Holzbrett auskühlen lassen. Mit einer Nadel oder einem dünnen Messer in Kästchen einteilen: Als Rahmen 5 Kästchen in der Breite und 7 Kästchen in der Höhe (6,6 cm breit und 6,2 cm hoch). Am oberen Rand noch eine zweite Reihe Kästchen aufzeichnen. In der Mitte bleibt ein 20 × 24,5 cm großes Feld frei.
Für die Glasur den Puderzucker und das Eiweiß so lange mit dem Handrührgerät auf niedrigster Stufe rühren, bis eine glatte, glänzende Masse entstanden ist. Sie muß zäh sein, damit sie beim Spritzen nicht reißt, eventuell noch Puderzucker unterrühren.
Die Hälfte der Masse mit Lebensmittelfarbe hellgelb färben. Von der anderen Hälfte je 1 Eßlöffel grün beziehungsweise rot färben. Jede Schüssel mit einem feuchten Tuch abdecken.
Eine Spritztüte aus Pergament mit ungefärbter Glasur füllen. Zuerst ganz außen eine Linie spritzen, dann alle vorgezeichneten Kästchen einrahmen. Auf die Schnittpunkte Golddragees setzen. Die Zahlen 1 bis 23 in die Kästchen spritzen und innen mit gelber Spritzglasur verzieren.
Die Marzipan-Rohmasse mit dem Puderzucker verkneten. 3 kleinere Mengen braun, rot und rosarot, den Rest gelb färben und alle 2–3 mm dick ausrollen. Einen Nikolaus auf Karton aufzeichnen und ausschneiden. Mit Hilfe der Schablonen Rumpf und Arme aus gelbem, das Gesicht aus rosa, die Mütze aus rotem Marzipan ausschneiden. Die Teile mit etwas Glasur auf den Honigkuchen kleben. Hände und Baumstamm aus braunem, Nase und Mund aus rotem Marzipan formen. Alles übrige von Nikolaus und Baum wird mit weißer und grüner Spritzglasur, wie im Bild zu sehen, aufgemalt. Mantelsaum, Ärmel, Kragen und Mütze mit Glasur vorzeichnen und mit buntem Zucker belegen. Den Baum mit Golddragees dekorieren. Die Zahl 24 mit weißer und roter Glasur in das freie Feld spritzen.
Als Unterlage am besten einen stabilen Karton (mit Alufolie umwickelt) oder eine Sperrholzplatte verwenden, die etwas größer als der Honigkuchen ist.
Den Rand der Unterlage mit einer Bordüre aus Tortenspitze bekleben und den Kalender vorsichtig darauflegen.

# Honigkuchen und Lebkuchen

## Rheinische Spitzkuchen

| Zutaten für etwa 160 Stück: |
| --- |
| 700 g Honig |
| 200 g Rübensirup |
| 1 kg Mehl |
| je 200 g Rosinen, Korinthen, gewürfeltes Orangeat |
| 100 g gewürfeltes Zitronat |
| 150 g geschälte, gehackte Mandeln |
| 3 Teel. gemahlener Zimt |
| je ½ Teel. gemahlener Kardamom, Nelkenpulver, Piment |
| 1 Messerspitze Macis (Muskatblüte) |
| 10 g Pottasche |
| 5 Eßl. Milch |
| 1 kg Kuvertüre oder Schokoladenfettglasur |
| Butter zum Einfetten des Backblechs |
| Pergamentpapier |

Zubereitungszeit: etwa 2 Stunden
Backzeit: etwa 20–25 Minuten

Den Honig mit dem Sirup zusammen in einen Topf geben, aufkochen und abkühlen lassen.
Das Mehl auf ein Backbrett sieben und in die Mitte eine Vertiefung drücken, die Trockenfrüchte und die Gewürze hineingeben. Zuletzt die flüssige Honigmischung dazugießen und alles zu einem glatten Teig kneten. Er soll weich, aber formbar, sein.
Die Pottasche in der Milch auflösen und zuletzt kräftig unter den Teig kneten, sie soll sich sehr gleichmäßig darin verteilen. Den Teig zugedeckt einige Stunden ruhen lassen.
Den Backofen auf 200° vorheizen.
Den Teig in 8 gleich große Teile schneiden und daraus Rollen von 40 cm Länge formen. Diese auf ein leicht gefettetes Backblech mit genügend Abstand voneinander legen und im vorgeheizten Backofen auf der mittleren Schiebeleiste etwa 20 Minuten backen. Die Rollen abkühlen lassen und jede schräg in 20 »Spitzen« schneiden.
Die Kuvertüre wie auf Seite 47 beschrieben verarbeiten und die Spitzkuchen damit überziehen. Dafür Stück für Stück in die Schüssel mit der Kuvertüre legen, mit einer Gabel untertauchen und wieder herausheben, dabei einige Male am Schüsselrand aufklopfen, damit soviel wie möglich wieder abläuft. Auf Pergamentpapier absetzen und mit der Gabel die Oberseite garnieren, indem man sie in die noch weiche Schokolade drückt und dann langsam und vorsichtig zur Seite hin wegzieht. Vollständig erstarren lassen und dann erst vom Papier nehmen.
Es gibt noch eine zweite und rationellere Möglichkeit Spitzkuchen zu backen, wenngleich sie dann nicht mehr die ganz typische, halbrunde Form haben. Der Teig wird dafür auf einer mit Mehl bestaubten Arbeitsfläche mindestens 1½ cm stark ausgerollt. Die Teigplatte wird dann auf das zuvor dünn eingefettete Backblech gelegt und, damit sie auch absolut gleichmäßig dick wird, noch mit dem Rollholz bearbeitet. Die Platte dann in ganz geringen Abständen mit einer Rouladennadel oder Gabel einstechen, damit der Teig beim Backen keine Blasen wirft. Den Teig nach Möglichkeit 30 Minuten ruhen lassen und den Backofen auf etwa 200° vorheizen. Die Teigplatte auf der mittleren Schiebeleiste 20–25 Minuten backen. Etwa 5 Minuten abkühlen lassen und dann mit einem Messer vom Backblech lösen. Möglichst auf eine Holzplatte legen und die Oberfläche mit Alufolie abdecken, damit sie weich bleibt. Erst am nächsten Tag in 3½ cm breite Streifen und diese dann in die bekannte »Spitzkuchenform« schneiden. Die Kuvertüre wie auf Seite 47 beschrieben verarbeiten und die Spitzkuchen damit überziehen. Sie werden einzeln hineingetaucht und mit einer Gabel herausgehoben, am Schüsselrand gut abgeklopft und dann auf ein Pergamentpapier gesetzt. Die Oberseite wird garniert, indem man die Gabel in die noch weiche Schokolade drückt und langsam seitlich wegzieht. Dadurch entstehen die kleinen Erhebungen. Die Spitzkuchen erst dann vom Papier heben, wenn die Kuvertüre vollständig erstarrt ist.

# Honigkuchen und Lebkuchen

## Schokoladen-Honigkuchen

| Zutaten für etwa 80 Stück: |
| --- |
| 300 g Honig |
| 250 g Zucker |
| 150 g Kuvertüre · 500 g Mehl |
| 250 g ungeschälte, grobgemahlene Mandeln |
| 100 g feingewürfeltes Zitronat |
| 2 Teel. gemahlener Zimt |
| ½ Teel. gemahlener Kardamom |
| ¼ Teel. gemahlene Nelken |
| ¼ Teel. gemahlener Ingwer |
| ¼ Teel. gemahlener Piment |
| 3 Eier |
| Außerdem: |
| Butter für das Backblech |
| 750 g Kuvertüre |

Zubereitungszeit: 1 Stunde und 40 Minuten
Ruhezeit: über Nacht
Backzeit: etwa 12–15 Minuten

Den Honig erwärmen, den Zucker zufügen, darin auflösen und abkühlen lassen.
Die Kuvertüre in Stücke schneiden und im Wasserbad auflösen, zum Honig geben.
Das Mehl auf die Arbeitsfläche sieben, in die Mitte eine Vertiefung drücken und die Mandeln, das Zitronat, die Gewürze und die Eier hineingeben. Daraus einen nicht zu weichen Teig kneten und diesen in Folie gewickelt über Nacht ruhen lassen.
Den Backofen auf 190° vorheizen.

Den Teig etwa 3 mm dick ausrollen und Rechtecke von 4,5 × 6 cm daraus schneiden. Mit etwas Zwischenraum auf das Backblech setzen und auf der mittleren Schiebeleiste des Backofens in etwa 12–15 Minuten nicht zu dunkel backen. Die Honigkuchen sind nach dem Backen knusprig und können mit Kuvertüre (s. Seite 47) überzogen werden. Bewahrt man sie in einer gut verschlossenen Dose auf, so werden sie nach etwa 8 Tagen weich.

## Honigkuchen vom Blech

| Zutaten für 1 Blech: |
| --- |
| 500 g Honig |
| gut ⅛ l Öl |
| 250 g Zucker · 700 g Mehl |
| 1 Päckchen Backpulver |
| 250 g geschälte, gemahlene Mandeln |
| 2 Teel. gemahlener Zimt |
| 1 Messerspitze gemahlene Nelken |
| ½ Teel. gemahlener Piment |
| 1 Prise Salz · 3 Eier |
| 100 g gewürfeltes Zitronat |
| 100 g gewürfeltes Orangeat |
| 3 Eßl. Dosenmilch |
| Außerdem: |
| je 100 g geschälte Mandeln, gewürfeltes Zitronat und Belegkirschen zum Garnieren |
| Öl für das Backblech |

Zubereitungszeit: 1 Stunde und 30 Minuten
Ruhezeit: 60 Minuten
Backzeit: 35–45 Minuten

Den Honig mit dem Öl und dem Zucker unter Rühren aufkochen und wieder abkühlen lassen.
Das Mehl mit dem Backpulver sieben und mit den Mandeln, allen Gewürzen, den Eiern, dem Zitronat und dem Orangeat mischen. Die Honig-Ölmasse zu dem Mehlgemisch geben und alles gut verkneten. Sollte der Teig zu weich sein, noch etwas Mehl zugeben. Den Teig zugedeckt 60 Minuten im Kühlschrank ruhen lassen.
Ein Backblech einölen. Den Backofen auf 200° vorheizen.
Den Teig mit bemehlten Händen auf das Backblech drücken, glattstreichen und mit der Dosenmilch bepinseln.
In das Teigblatt mit einem Messer 7 × 7 cm große Quadrate leicht einschneiden. Jedes Quadrat mit Mandeln, Zitronatstücken und Kirschen verzieren.
Den Honigkuchen auf der mittleren Schiebeleiste 35–45 Minuten backen. Den Kuchen etwas abkühlen lassen, dann vom Backblech nehmen und in die markierten Quadrate teilen.

# Honigkuchen und Lebkuchen

## Elisenlebkuchen

Zutaten für etwa 25 Stück:
350 g Zucker · 5 Eier
350 g ungeschälte Mandeln
100 g Mehl
50 g feingewürfeltes Orangeat
50 g feingewürfeltes Zitronat
2 Teel. gemahlener Zimt
¼ Teel. gemahlener Kardamom
1 Messerspitze gemahlene Nelken
1 Messerspitze gemahlener Piment
1 Messerspitze gemahlener Ingwer
runde Oblaten (8 cm Ø)
Mandelhälften und Zitronat zum Belegen
Für die Glasur:
100 g Zucker
1 Eßl. Zitronensaft
2 Eßl. Wasser

Zubereitungszeit: 1 Stunde und 50 Minuten
Ruhezeit: über Nacht
Backzeit: 15–20 Minuten

Den Zucker mit den Eiern in einer entsprechend großen Schüssel im Wasserbad mit dem Schneebesen oder Handrührgerät schaumig rühren. Die Masse soll nicht wärmer als 45° werden.
Die Schüssel aus dem Wasserbad nehmen und die Masse weiterschlagen, bis sie wieder abgekühlt ist.
Die Mandeln feinmahlen und mit dem Mehl, dem Orangeat und dem Zitronat sowie den Gewürzen vermischen und unter die Ei-Zuckermasse ziehen.
Mit einem Löffel auf jede Oblate etwa 40 g von der Masse geben und mit einem Küchenmesser, das immer wieder in Wasser getaucht wird, zum Rand hin abfallend verstreichen. Mit Mandelhälften und Zitronat garnieren.
Die Lebkuchen auf einem Brett oder der Arbeitsplatte über Nacht antrocknen lassen.
Den Backofen auf 180° vorheizen.
Die Lebkuchen auf der mittleren Schiebeleiste des Backofens 15–20 Minuten backen. Sie dürfen nur an der Oberfläche kross werden, an der Unterseite müssen sie noch weich sein, weil sie sonst trocken würden.
Für die Glasur den Zucker mit dem Zitronensaft und dem Wasser mischen und einmal aufkochen lassen. Die noch heißen Lebkuchen dünn damit bestreichen.

## Schokoladenlebkuchen

Zutaten für etwa 40 Stück:
350 g Zucker · 5 Eier
150 g Mehl
300 g gemahlene Haselnüsse
60 g feingewürfeltes Orangeat
60 g Kakao
2 Teel. gemahlener Zimt
¼ Teel. gemahlene Nelken
¼ Teel. gemahlener Piment
runde Oblaten (8 cm Ø)
Außerdem:
400 g Kuvertüre
bunter Zucker zum Bestreuen

Zubereitungszeit: 1 Stunde und 30 Minuten
Ruhezeit: über Nacht
Backzeit: 15–20 Minuten

Die Zubereitung ist die gleiche wie bei den Elisenlebkuchen. Der Teig wird genauso auf die Oblaten gestrichen, und man läßt sie ebenfalls über Nacht antrocknen. Sie werden dann ebenfalls bei 180° 15–20 Minuten gebacken und müssen vollständig abgekühlt sein, bevor sie dünn mit Kuvertüre (s. Seite 47) überzogen werden. Mit buntem Zucker garnieren.

# Honigkuchen und Lebkuchen

## Knusperhäuschen

| |
|:---:|
| 1 kg Honig |
| ¼ l Wasser |
| 650 g Roggenmehl |
| 600 g Weizenmehl |
| 100 g feingewürfeltes Zitronat |
| 100 g feingewürfeltes Orangeat |
| 40 g Lebkuchengewürz |
| 30 g Natron |
| 1 Eiweiß · 300 g Puderzucker |
| 2 Eßl. Zitronensaft |
| Außerdem: |
| buntes Zuckerwerk |
| Mandeln, Belegkirschen zum Schmücken |
| Butter zum Einfetten des Backblechs |

Zubereitungszeit: 4–5 Stunden
Ruhezeit: 1–2 Tage
Backzeit: 15–20 Minuten

Den Honig mit dem Wasser unter Rühren aufkochen, dann abkühlen lassen.
Das Mehl auf ein Backbrett sieben und das Zitronat, das Orangeat und das Lebkuchengewürz darüberstreuen. In die Mitte eine Vertiefung drücken und den fast erkalteten Honig hineingießen. Alle Zutaten zu einem geschmeidigen Teig verkneten. Zuletzt das Natron kräftig unter den Teig mischen. Den Teig zugedeckt 1–2 Tage ruhen lassen. Er wird dadurch besonders locker.
Für das Knusperhäuschen schneiden Sie sich am besten Pappschablonen zu.

Mit den Schablonen können Sie ein Probehäuschen zusammensetzen, das sich verändern läßt, wenn Ihnen etwas daran nicht gefällt. Die Teile sollten so zugeschnitten werden, daß später wenig Teigabfall entsteht.
Den Backofen auf 200° vorheizen.
Aus dem Teig viele 1 cm dicke, etwa 35 cm lange Stränge rollen und diese mit etwas Zwischenraum auf das gefettete Backblech legen. Beim Backen schließen sich dann die Zwischenräume und es entsteht der Eindruck einer Blockhauswand. Auf der mittleren Schiebeleiste in 15–20 Minuten schön braun backen.
Die Platte mit einem langen Tortenmesser von dem Backblech lösen. Aus dem noch warmen Teig die Vorder- und Rückwand mit Hilfe der aufgelegten Pappschablonen ausschneiden. (Das Häuschen sollte nicht höher als 30 cm sein.) Auch Türe und Fenster ausschneiden. Die Türe selbst wird später wiederverwendet.
Für das Dach und die Grundplatte den Teig höchstens ½ cm dick ausrollen, auf das eingefettete Backblech legen, mit einer Gabel mehrfach einstechen und auf der mittleren Schiebeleiste etwa 12–15 Minuten backen.
Der Gartenzaun und die kleinen Lebkuchen können noch etwas dünner ausgerollt werden.
Aus dem Eiweiß und dem Puderzucker eine dickflüssige Glasur rühren, wenn nötig, mit etwas Zitronensaft verlängern. Mit einem Teil dieser Glasur die einzelnen Teile des Hauses zusammensetzen. Das Dach sollte mit einigen Zahnstochern fixiert werden.
Die restliche Glasur in einen Spritzbeutel mit feiner Lochtülle füllen und das Haus damit und mit verschiedenem Zuckerwerk, Mandeln, Belegkirschen und so weiter wie abgebildet schmücken.

Skizze für die Pappschablonen:

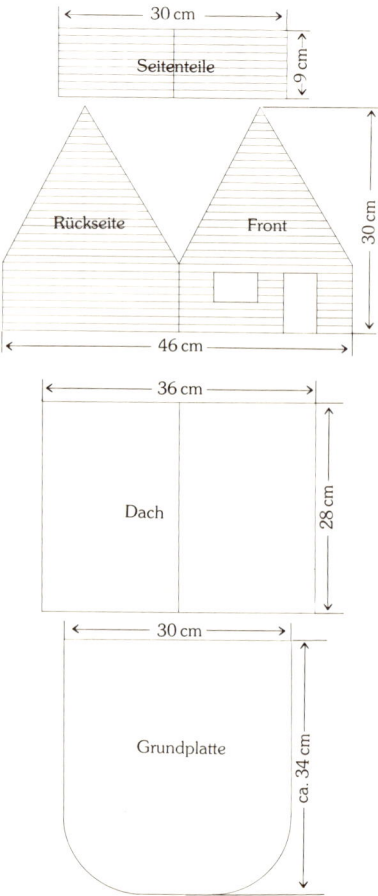

# Gewürzgebäck

## Orangenplätzchen

| Zutaten für etwa 70 Stück: |
| --- |
| 125 g weiche Butter |
| 125 g brauner Zucker (Farinzucker) |
| 100 g Kuvertüre · 1 Ei |
| 1 Messerspitze Salz |
| abgeriebene Schale von 2 Orangen, unbehandelt |
| 200 g Mehl · 100 g Puderzucker |
| 2–3 Eßl. Orangensaft |

Zubereitungszeit: 40 Minuten
Ruhezeit: 2 Stunden
Backzeit: etwa 8–10 Minuten pro Blech

Die Butter mit dem Zucker und der feingeriebenen Kuvertüre auf der Arbeitsplatte cremig verarbeiten. Dann das Ei, das Salz und die abgeriebene Schale von 1 Orange zugeben. Zum Schluß das Mehl darübersieben, alles rasch zu einem glatten Mürbteig kneten und diesen mit Folie zugedeckt im Kühlschrank etwa 2 Stunden ruhen lassen.
Den Teig etwa 4 mm stark ausrollen.
Den Backofen auf 200° vorheizen.
Gezackte Plätzchen von etwa 5 cm Ø ausstechen und mit genügend Zwischenraum (die Plätzchen laufen beim Backen etwas auseinander) auf ein ungefettetes Backblech legen und auf der mittleren Schiebeleiste in etwa 8–10 Minuten knusprig braun backen. Die Plätzchen noch warm vom Backblech nehmen und abkühlen lassen.
Den Puderzucker mit dem Orangensaft zu einer dünnflüssigen Glasur rühren. Die Oberfläche der Plätzchen damit bestreichen und mit der restlichen Orangenschale bestreuen.

## Baseler Vollkornleckerli

| Zutaten für etwa 80 Stück: |
| --- |
| 100 g Zitronat · 80 g Orangeat |
| 80 g Korinthen · 2 cl Rum |
| 350 g Honig |
| 100 g Rübensirup |
| 200 g ungeschälte, gehackte Mandeln |
| 200 g gemahlene Mandeln |
| 350 g Vollkornmehl (Grahammehl Type 1700) |
| 1 Teel. gemahlener Zimt |
| ¼ Teel. gemahlener Piment |
| ¼ Teel. gemahlener Ingwer |
| je 1 Messerspitze gemahlene Nelken und Macis (Muskatblüte) |
| 10 g Pottasche · 2 Eßl. Milch |
| Für die Glasur: |
| 4 Eßl. Zitronensaft |
| 100 g Puderzucker |
| Außerdem: |
| Butter zum Einfetten und Mehl zum Bestauben des Backblechs |

Zubereitungszeit: 1 Stunde und 20 Minuten
Ruhezeit: 2–3 Stunden
Backzeit: etwa 20 Minuten

Das Zitronat und das Orangeat feinhacken, mit den Korinthen und dem Rum in eine Schüssel geben und zugedeckt ziehen lassen.
Den Honig mit dem Rübensirup aufkochen und abkühlen lassen. Die gehackten und die gemahlenen Mandeln mit dem Vollkornmehl mischen, auf eine Arbeitsfläche schütten und in die Mitte eine Vertiefung drücken. Die Honig-Sirupmischung hineingeben, die Gewürze und die eingeweichten Trockenfrüchte hinzufügen.
Die Pottasche in der Milch auflösen, zu den anderen Zutaten geben und einen Honigkuchenteig kneten. Nach Möglichkeit 2–3 Stunden ruhen lassen.
Das Backblech einfetten und mit Mehl bestauben.
Den Backofen auf 200° vorheizen.
Den Teig in der Größe des Blechs (33 × 43 cm) ausrollen, auf das Blech legen und gleichmäßig andrücken. Auf der mittleren Schiebeleiste des Backofens etwa 20 Minuten backen, herausnehmen und abkühlen lassen.
Den Zitronensaft mit dem Puderzucker zu einer dünnflüssigen Glasur rühren und die etwas abgekühlte Teigplatte damit bestreichen. Wenn die Glasur abgetrocknet ist, mit Folie abdecken und erst nach 1–2 Tagen zu Rechtecken von 3,5 × 5 cm schneiden.

# Gewürzgebäck

## Spekulatius

Dieses knusprig-mürbe Weihnachtsgebäck ist in der Rheingegend und im benachbarten Holland zu Hause. Der Name läßt sich ableiten von »Spekulator«, wie früher auch das Amt eines Bischofs bezeichnet wurde. Und zu Ehren eines Bischofs, nämlich des Heiligen Nikolaus von Myra, soll der Spekulatius erfunden worden sein.

Die vielen Spekulatius-Rezepte haben eines gemeinsam: sie werden aus mehr oder weniger fetthaltigem Mürbteig zubereitet, mit oder ohne Mandeln, aber immer kräftig gewürzt mit Zimt, Nelken und Muskat. Der Teig wird in speziell dafür gestochene Modeln gedrückt, abgeschnitten und herausgestürzt. Es braucht aber niemand auf Spekulatius zu verzichten, wenn er keine Model zur Verfügung hat. Der Teig kann ebenso gut ausgerollt und ausgestochen werden.

## Gewürzspekulatius

| Zutaten für etwa 30 große oder 80–90 kleine Formen: |
|---|
| 160 g Butter |
| 300 g brauner Zucker (Farinzucker) |
| ¼ Teel. Salz |
| 50 g geschälte, feingemahlene Mandeln |
| 1 Ei · etwa 2 Eßl. Milch |
| 600 g Mehl |
| 1 Teel. gemahlener Zimt |
| ¼ Teel. gemahlener Kardamom |
| ¼ Teel. gemahlene Nelken |
| ¼ Teel. gemahlener Macis (Muskatblüte) |
| Außerdem: |
| Mehl oder Speisestärke zum Ausstauben der Form |
| Butter zum Einfetten des Backblechs |
| Milch zum Bestreichen |

Zubereitungszeit: 1 Stunde und 30 Minuten
Ruhezeit: 60 Minuten
Backzeit: 12–14 Minuten pro Blech

Die Butter mit dem Zucker, dem Salz, den Mandeln, dem Ei und der Milch auf der Arbeitsplatte cremig verarbeiten.
Das Mehl mit den Gewürzen vermischen, zu der Buttermasse geben und einen Mürbteig kneten. Diesen etwa 60 Minuten kühl stellen.
Aus dem Teig eine armdicke Rolle formen. Den Spekulatiusmodel mit Mehl oder Speisestärke ausstauben, was zuviel ist, wieder herausklopfen.
Das Backblech einfetten. Den Backofen auf 200° vorheizen.
Die Teigrollen auf den Spekulatiusmodel legen und mit beiden Handballen den Teig in die geschnitzten Vertiefungen hineinpressen. Sobald die Form gut gefüllt ist, was man am Widerstand beim Drücken spürt, wird der Teig dann mit einem dünnen, langen Messer oder noch besser mit einem Schneidedraht (dafür eignen sich Violinsaiten sehr gut, die über einen Metallbügel gespannt werden) dicht über dem Model abgeschnitten. Die Teigfiguren durch Wenden und gleichzeitiges leichtes Aufklopfen des Models aus der Form fallen lassen.
Jede Figur, die gut gelungen ist, mit etwas Abstand auf das Backblech legen.
Die Spekulatius dünn mit Milch bestreichen und auf der mittleren Schiebeleiste in etwa 12–14 Minuten schön braun backen. Wenn sie nicht gleichmäßig braun werden, notfalls die zuerst fertigen Stücke mit einem Messer vom Blech nehmen.

# Gewürzgebäck

## Gewürzschnitten

| Zutaten für etwa 65–70 Stück: |
| :---: |
| 100 g Rosinen |
| 50 g getrocknete, gehackte Datteln |
| 50 g gewürfeltes Orangeat |
| 100 g gewürfeltes Zitronat |
| 3 cl Rum · 200 g weiche Butter |
| 150 g Honig |
| 50 g Rübensirup · 3 Eier |
| 450 g Vollkornmehl (Grahammehl Type 1700) |
| 1 Weinstein-Backpulver (Reformhaus) |
| 40 g Kakao |
| 1½ Teel. gemahlener Zimt |
| je ¼ Teel. gemahlener Piment, Nelken, Ingwer |
| 150 g grobgehackte Mandeln |
| 150 g grobgehackte Walnüsse |
| Für die Glasur: |
| 1 Teel. Eiweiß |
| 2 Teel. Zitronensaft |
| 200 g Puderzucker |
| Außerdem: |
| Butter zum Einfetten und Mehl zum Bestauben des Backblechs |

Zubereitungszeit: 1 Stunde und 30 Minuten
Ruhezeit: 2–3 Stunden
Backzeit: 20–25 Minuten

Die Trockenfrüchte in eine Schüssel geben, mit dem Rum übergießen und zugedeckt ziehen lassen.
Die Butter mit dem Honig und dem Rübensirup glattrühren, nicht schaumig. Dann nach und nach die Eier darunterrühren.
Das Mehl mit dem Backpulver, dem Kakao und den Gewürzen vermischen, die Mandeln und Walnüsse hinzufügen, zusammen mit den Trockenfrüchten zu der Butter-Eiermasse geben und einen glatten Teig kneten. Diesen 2–3 Stunden in Folie gewickelt ruhen lassen.
Das Backblech einfetten und mit Mehl bestauben. Den Backofen auf 200° vorheizen.
Den Teig ausrollen und auf das Blech legen. Mit einer Gabel einstechen, damit er beim Backen keine Blasen wirft. Auf der mittleren Schiebeleiste 20–25 Minuten backen, abkühlen lassen.
Das Eiweiß, den Zitronensaft und den Puderzucker zu einer dickflüssigen Glasur rühren und die Gewürzschnitten damit bestreichen. Über Nacht trocknen lassen und am nächsten Tag zu Rechtecken von 4 × 6 cm schneiden.

### Variante: Gewürz-Schokoladenschnitten

Gewürzschnitten, genau nach dem vorangegangenen Rezept gebacken, werden nach dem Schneiden mit Kuvertüre (s. Seite 47) überzogen und mit gehackten Pistazien oder Nüssen bestreut. Sie bleiben durch die Schokolade sehr lange frisch.

## Pomeranzenplätzchen

| Zutaten für 80–85 Stück: |
| :---: |
| 4 Eier |
| 250 g brauner Zucker (Farinzucker) |
| 2 Eßl. Orangensaft |
| abgeriebene Schale von 1 Orange, unbehandelt |
| 250 g Vollkornmehl (Type 1700) |
| Butter zum Einfetten und Mehl zum Bestauben des Backblechs |

Zubereitungszeit: 35 Minuten
Ruhezeit: über Nacht
Backzeit: etwa 10–12 Minuten pro Blech

Die Eier mit dem Zucker, dem Orangensaft und der Orangenschale in einer Schüssel im Wasserbad am besten mit dem Schneebesen bei etwa 45° warm schlagen. Die Schüssel aus dem Wasserbad nehmen, die Eier langsam kalt schlagen und das Mehl darunterziehen.
Die Masse in einen Spritzbeutel mit Lochtülle Nr. 7 füllen und auf ein eingefettetes und bemehltes Backblech kleine Plätzchen mit genügend Abstand voneinander spritzen. Soweit abtrocknen lassen, daß man die Plätzchen verschieben kann.
Den Backofen auf 170° vorheizen.
Die Plätzchen in etwa 10–12 Minuten sehr hell backen. Beim Aufgehen erhalten sie das typische »Füßchen«.

# Eigebäck

## Springerle

Ein Weihnachtsgebäck aus Süddeutschland und der Schweiz, das nicht zuletzt wegen seiner wunderschönen, traditionellen Formen eine wahre Renaissance erlebt. Die Holzmodel sind teilweise Paradebeispiele süddeutscher Volkskunst. Der recht harmlos schmeckende Teig ist also nicht der Grund für die neuerliche Beliebtheit dieses Gebäckes, sondern die Tatsache, daß Ungeübte mit diesen Formen ansprechende Gebäcke fertigen können. Wer darüber hinaus noch künstlerische Ambitionen hat, kann die Springerle anmalen. Da sie dann ohnehin für den Verzehr nicht mehr geeignet sind, sei dafür das zum Schluß genannte Wasserteigrezept empfohlen.

| Zutaten für etwa 30–60 Stück, je nach Größe der Model: |
| :---: |
| *4 Eier · 500 g Puderzucker* |
| *500 g Weizenmehl* |
| Außerdem: |
| *Butter zum Einfetten und Aniskörner zum Bestreuen des Backblechs* |

Zubereitungszeit: 1 Stunde und 35 Minuten
Ruhezeit: über Nacht
Backzeit: etwa 20–30 Minuten

Die Eier mit dem Puderzucker in der Küchenmaschine oder mit dem Handrührgerät so lange schaumig rühren, bis der Zucker vollständig aufgelöst ist. Das gesiebte Mehl darunterarbeiten und den Teig in Folie gewickelt mindestens 1–2 Stunden ruhen lassen. Dann den Teig nochmals kurz durchkneten, zwei 1 cm starke Holzstäbe seitlich anlegen und den Teig dazwischen ausrollen. Die Oberfläche des Teiges mit Speisestärke bestauben und mit dem Handballen glatt massieren. Den Model mit der Bildseite nach unten auf den Teig drücken und dann senkrecht abheben. Die geschnitzten Formen müssen bis ins letzte Detail sichtbar sein.
Der Model selbst sollte übrigens keinesfalls mit Mehl oder Speisestärke ausgestreut werden, weil dadurch die feinen, geschnitzten Details im Lauf der Zeit verschwinden würden.
Die Springerle mit einem scharfen, kleinen Messer ausschneiden und auf einem dünn mit Mehl bestaubten Blech über Nacht trocknen lassen.
Den Backofen auf 160° vorheizen.
Ein Backblech ganz dünn mit Butter bestreichen, mit Aniskörnern bestreuen und die Springerle darauf legen. Auf der mittleren Schiebeleiste bei leicht geöffneter Backofentür in etwa 20–30 Minuten sehr hell backen. Die abgetrocknete Oberseite sollte möglichst weiß bleiben, die Unterseite aber in Form eines kleinen »Füßchens« aufgehen.

### Variante: Wasserteig

Wenn Springerle nur zur Dekoration, zum Beispiel als Baumbehang, gebacken werden sollen, dann empfiehlt sich dieser Wasserteig, der zudem noch eine wesentlich kürzere Trockenzeit hat. 625 g Puderzucker werden mit ¼ l lauwarmem Wasser verrührt, bis der Zucker gelöst ist. Dann 900 g Mehl darunterwirken. Der Teig soll fest, aber nicht brüchig sein. Er wird weiterverarbeitet wie beim nebenstehenden Rezept.

# Eigebäck

## Anisplätzchen

Dieses beliebte Weihnachtsgebäck hat einen Vorteil besonderer Art. Die Plätzchen sind schnell zubereitet, vorausgesetzt, man versteht ein wenig mit einem Spritzbeutel umzugehen.

| Zutaten für etwa 120 Stück: |
|:---:|
| 5 Eier |
| 300 g Zucker |
| 1 Messerspitze Salz |
| 300 g Mehl |
| 3 Teel. Aniskörner |
| Außerdem: |
| Butter zum Einfetten und |
| Mehl zum Bestauben des |
| Backblechs |

Zubereitungszeit: 45 Minuten
Ruhezeit: über Nacht
Backzeit: etwa 15 Minuten pro Blech

Die Eier, den Zucker und das Salz in eine Schüssel geben. Eine größere Kasserolle, in die die Schüssel hineinpaßt, so mit Wasser füllen, daß es nicht überläuft, wenn die Schüssel hineingesetzt wird und dieses erhitzen. Mit dem Schneebesen die Eier-Zuckermasse in dem Wasserbad warm schlagen. Sie sollte so ungefähr 40° erreichen. Die Schüssel aus dem Wasserbad nehmen und die Masse langsam kalt schlagen.
Das Mehl und die Aniskörner mit einem Holzspatel unter die Zuckermasse ziehen.
Diese Biskuitmasse in einen Spritzbeutel mit Lochtülle Nr. 7 füllen.
Das Backblech einfetten, mit Mehl bestäuben und mit genügend Abstand voneinander kleine Tupfer auf das Backblech spritzen. Die Anisplätzchen mindestens 10 Stunden, besser noch über Nacht, antrocknen lassen. Sie müssen eine feste Oberfläche bekommen haben und sollen sich auf dem Backblech verschieben lassen.
Den Backofen auf 160° vorheizen.
Die Anisplätzchen auf der mittleren Schiebeleiste 15 Minuten backen. Da die Oberfläche der Plätzchen angetrocknet ist, kann sich der Teig beim Backen nur nach unten ausdehnen, wodurch die charakteristischen »Füßchen« der Anisplätzchen entstehen.

## Badener Chräbeli

| Zutaten für etwa 40 Stück: |
|:---:|
| 250 g Mehl |
| 250 g Zucker |
| 2 Eier · 1 Eßl. Aniskörner |
| abgeriebene Schale von |
| ½ Zitrone, unbehandelt |
| Außerdem: |
| Mehl zum Bestauben des |
| Backblechs |

Zubereitungszeit: 1 Stunde und 30 Minuten
Ruhezeit: über Nacht
Backzeit: 20–25 Minuten pro Blech

Das Mehl in eine Schüssel sieben. Den Zucker mit den Eiern schaumig rühren und das Mehl löffelweise unter den Teig mischen. Zuletzt die Aniskörner und die Zitronenschale untermengen.
Aus dem Teig fingerdicke Rollen formen, davon 5–6 cm lange Stücke abschneiden und diese wie Halbmonde formen. Die Oberseite der kleinen Halbmonde mit einem dünnen scharfen Messer dreimal schräg einschneiden.
Die Chräbeli auf das eingefettete und bemehlte Backblech legen und über Nacht ruhen lassen. Den Backofen auf 190° vorheizen.
Die Plätzchen auf der mittleren Schiebeleiste 20–25 Minuten backen.

# Eigebäck

## Baiser-Baumbehang

Mit diesem leichten, luftigen Christbaumschmuck kann man einen ganzen Baum wunderbar schmücken, ohne noch andere Dekorationen außer Kerzen zu benötigen.

| Zutaten für 25–35 Stück, je nach Größe: |
| :---: |
| *5 Eiweiß* |
| *200 g Puderzucker* |
| Außerdem: |
| *Pergamentpapier oder Backtrennpapier, Lebensmittelfarbe, Kakao, Zuckerdragees, gehackte Mandeln oder Pistazien.* |

Zubereitungszeit: 50 Minuten
Trockenzeit: über Nacht

Das Eiweiß und den Puderzucker in eine absolut fettfreie Schüssel geben und verrühren.
Eine größere Kasserolle, in die die Schüssel hineinpaßt, so mit Wasser füllen, daß es nicht überläuft, wenn die Schüssel hineingesetzt wird und erhitzen.
Die Eiweiß-Zuckermasse in diesem Wasserbad aufschlagen. Wenn das Eiweiß steif ist und sich warm anfühlt (etwa 45–50°), aus dem Wasserbad nehmen und langsam kalt schlagen. Verwendet man dazu ein elektrisches Handrührgerät, dann sollte es bei mittlerer Geschwindigkeit arbeiten.

Die Backbleche mit Pergamentpapier oder Backtrennpapier belegen.
Den Eischnee kann man nun in beliebigen Formen auf die Bleche spritzen und dafür sowohl eine Sterntülle (Nr. 7–9) wählen oder auch eine Lochtülle (Nr. 5–6) verwenden. Die Baisermasse selbst kann man auch färben, zum Beispiel mit roter Lebensmittelfarbe rosa oder auch mit etwas Kakaopulver braun.
Die aufgespritzten Figuren können nun mit verschiedenen Zuckerdragees, gehackten Mandeln oder Pistazien bestreut werden. Man kann aber auch kleine Blüten oder andere Formen spritzen (vor allem mit der Lochtülle gelingt das sehr gut) und diese nach dem Trocknen mit Nougat oder Schokolade zusammensetzen.
Der Baiser-Baumbehang wird am besten über Nacht bei einer Temperatur von 50–70° oder 2–3 Stunden bei 90–100° mehr getrocknet als gebacken. Die Ofentür dabei unbedingt einen Spalt offen lassen, damit die Feuchtigkeit entweichen kann.

### Variante: Makronen-Baumbehang

| |
| :---: |
| *250 g Marzipan-Rohmasse* |
| *60 g weiche Butter* |
| *30 g Puderzucker* |
| *abgeriebene Schale von ½ Zitrone, unbehandelt* |
| *3 Eigelb* |
| *250 g Kuvertüre* |

| Außerdem: |
| :---: |
| *Pergamentpapier, gehackte Pistazien, Silber- und Goldperlen.* |

Zubereitungszeit: 45 Minuten
Backzeit: 15 Minuten pro Blech

Die Marzipanmasse würfeln und die Hälfte davon mit der Butter und dem gesiebten Puderzucker verarbeiten, bis alles gut miteinander verbunden ist. Dann erst den restlichen Marzipan, die Zitronenschale und das Eigelb so unterrühren, daß eine gleichmäßige, aber nicht schaumige Masse entsteht.
Den Backofen auf 170° vorheizen. Das Backblech mit Pergamentpapier auslegen.
Den Teig in einen Spritzbeutel mit Sterntülle Nr. 7 füllen und Ringe auf das Blech spritzen. Auf der mittleren Schiebeleiste in etwa 15 Minuten goldgelb backen. Die Makronen abkühlen lassen und vom Papier lösen.
Die Kuvertüre wie auf Seite 47 beschrieben verarbeiten. Die erkalteten Makronenringe hineintauchen, am Schüsselrand gut abklopfen und mit Pistazien und Gold- und Silberperlen bestreuen. Auf einem Kuchengitter trocknen lassen.

# Butterplätzchen und Mürbgebäck

## Zartes Buttergebäck

Mürbteig ist überaus empfindlich gegen zu starke Bearbeitung, denn er wird dann fettig und bröckelig und läßt sich nicht mehr ausrollen oder sonstwie weiterverarbeiten. Den Teig also nur so lange kneten, wie unbedingt nötig.

| Zutaten für 30–50 Stück, je nach Größe der Ausstecher: |
| --- |
| 125 g Puderzucker |
| 250 g Butter · 1 Eigelb |
| 1 Messerspitze Salz |
| abgeriebene Schale von ½ Zitrone, unbehandelt |
| 375 g Mehl |
| Außerdem: |
| 1 Eigelb zum Bestreichen, Hagelzucker, bunter Zucker oder gehackte Pistazien zum Bestreuen |

Zubereitungszeit: 1 Stunde
Ruhezeit: 2 Stunden
Backzeit: 8–10 Minuten pro Blech

Den Puderzucker, die Butter, das Eigelb, das Salz und die Zitronenschale auf der Arbeitsfläche cremig verarbeiten. Das Mehl zugeben und rasch einen Mürbteig kneten. Aus diesem eine Kugel formen und mit Folie zugedeckt im Kühlschrank mindestens 2 Stunden ruhen lassen. Dann auf der leicht mit Mehl bestaubten Arbeitsfläche 3–4 mm dick ausrollen und mit beliebigen Formen ausstechen.
Den Backofen auf 190° vorheizen.
Die Plätzchen mit genügend Abstand voneinander auf das Backblech legen, mit dem verquirlten Eigelb bestreichen und mit Zucker oder gehackten Pistazien bestreuen.
Auf der mittleren Schiebeleiste in etwa 8–10 Minuten goldgelb backen, aber, wie bei allen Flachgebäcken, unbedingt nach Sicht backen. Bäckt der Backofen ungleichmäßig, die bereits fertigen Stücke mit einem breiten Messer herausnehmen.

## Nougat-Halbmonde

Zutaten und Zubereitung wie bei dem nebenstehenden Rezept für »Zartes Buttergebäck«.

| Für die Füllung: |
| --- |
| 200 g Nougat |
| Puderzucker zum Besieben |

Den Mürbteig mit wenig Mehl auf der Arbeitsfläche etwa 3 mm dick ausrollen. Halbmonde (Ausstecher etwa 5 cm lang) ausstechen und hellbraun backen.
Den Nougat im Wasserbad auflösen und abkühlen lassen.
Die Masse wieder ganz leicht auf höchstens 32° erwärmen und die Unterseite der Halbmonde damit bestreichen. Jeweils einen zweiten Halbmond mit der Unterseite daraufsetzen. Erstarren lassen und die Oberfläche mit Puderzucker besieben.

## Himbeersternchen

Zutaten und Zubereitung wie bei dem nebenstehenden Rezept für »Zartes Buttergebäck«.

| Für die Füllung: |
| --- |
| Himbeermarmelade oder Himbeergelee |
| Für die Glasur: |
| Zitronensaft · Himbeergeist |
| Puderzucker |

Den Mürbteig auf der Arbeitsfläche etwa 3 mm dick ausrollen und Sternchen von 4–5 cm Ø ausstechen. Die Himbeermarmelade oder den Himbeergelee erwärmen und je 2 Sternchen damit zusammensetzen. Die Oberfläche ebenfalls dünn mit der Marmelade oder dem Gelee bestreichen. Aus Zitronensaft, etwas Himbeergeist und Puderzucker eine dünne, transparente Glasur rühren und die Himbeersternchen dünn damit bestreichen.

# Butterplätzchen und Mürbgebäck

## Schwarz-Weiß-Gebäck

Als Weihnachtsgebäck oder auch als Teegebäck überhaupt, liegt es in der Beliebtheit an den vordersten Plätzen. Einmal, weil es besonders mürb ist, zum anderen, weil der zarte Buttergeschmack hervorragend mit dem herben Aroma des Kakaos harmoniert.

| Zutaten für etwa 80 Stück: |
| :---: |
| ½ Vanilleschote |
| 300 g Butter |
| 150 g Puderzucker |
| 1 Messerspitze Salz |
| 400 g Mehl · 40 g Kakao |
| 1 Eigelb zum Bestreichen |
| etwas Milch |

Zubereitungszeit: 1 Stunde und 30 Minuten
Ruhezeit: etwa 3 Stunden insgesamt
Backzeit: etwa 10–14 Minuten pro Blech

Die Vanilleschote aufschneiden und das Mark mit einer Messerspitze herauskratzen.
Die Butter auf der Arbeitsfläche mit dem Puderzucker, dem Salz und dem Vanillemark cremig verarbeiten. Das Mehl darübersieben und möglichst rasch einen Mürbteig kneten.
Wenn das Mehl einigermaßen untergearbeitet ist, die Teigmenge sofort halbieren. Eine Hälfte kurz weiterkneten, bis der Teig ganz glatt ist.

Unter die zweite Hälfte den Kakao sieben. Möglichst rasch unterarbeiten und ebenfalls glatt kneten. Aus den Teigstücken Kugeln formen und diese mit Folie zugedeckt im Kühlschrank fest werden lassen. Nach 1–2 Stunden ist der Teig durchgekühlt und kann weiterverarbeitet werden.
Die Rezeptmenge der beiden Teige ergibt 2 Gebäckstreifen von etwa 20 cm Länge. Die sollte man bei der weiteren Verarbeitung gleich berücksichtigen. Um gleichmäßige Formen zu bekommen, ist es nötig, den Teig sehr exakt auszurollen. Dafür gibt es eine ganz einfache Hilfe: man besorgt sich in einem Geschäft für Bastelzubehör Holzleisten in den gewünschten Stärken. Auf der Arbeitsfläche an beiden Seiten angelegt, ergeben sie beim Ausrollen einen absolut gleichmäßigen Teig. Die nebenstehende Bildfolge demonstriert die Technik für Schachbrettmuster.

**Bild 1:** Den Teig vor dem Ausrollen bereits zu einem Rechteck formen. Die Arbeitsfläche mit etwas Mehl bestäuben und darauf den Teig legen. Die beiden Leisten (in diesem Falle 1 cm stark) mit etwas Abstand neben das Teigrechteck legen und dieses dann ausrollen.

**Bild 2:** Ebenso wird mit dem Schokoladenteig verfahren. Er wird gleich stark ausgerollt und dann wie der helle Teig in 1 cm breite Streifen geschnitten.

**Bild 3:** Die Streifen werden zusammengesetzt. Das Eigelb mit etwas Milch verrühren und die Teigstreifen damit bepinseln, bevor sie schachbrettförmig zusammengesetzt werden.

**Bild 4:** Den hellen Teig (oder auch den Schokoladenteig) etwa 2–3 mm stark ausrollen. Wer ganz exakt arbeiten möchte, kann auch hierfür wieder entsprechend starke Holzleisten als Hilfe zum Ausrollen verwenden.
Die zusammengesetzte Gebäckstange darauflegen, ebenfalls mit Eigelb bestreichen und dann mit dem ausgerollten Teig einschlagen. Die Teigstange im Kühlschrank mindestens 30–60 Minuten wieder fest werden lassen.
Den Backofen auf 180° vorheizen.

**Bild 5:** Die Teigstreifen aus dem Kühlschrank nehmen und mit einem scharfen und dünnen Messer in 4–5 mm starke Scheiben schneiden. Mit genügend Abstand voneinander (das Schwarz-Weiß-Gebäck läuft beim Backen etwas auseinander und dies sollte berücksichtigt werden) auf ein ungefettetes Backblech legen.

**Bild 6:** Auf der mittleren Schiebeleiste im vorgeheizten Backofen das Gebäck 10–14 Minuten backen. Dabei darauf achten, daß es möglichst hell bleibt, damit der Schwarz-Weiß-Effekt auch genügend zur Geltung kommt.

# Butterplätzchen und Mürbgebäck

## Arrakbrezeln

| Zutaten für etwa 60 Stück: |
| --- |
| ½ Vanilleschote |
| 200 g Butter |
| 100 g Puderzucker |
| 1 Eigelb |
| 1 Messerspitze Salz |
| 300 g Mehl |
| 1 Eiweiß |
| 6 cl Arrak |
| 2 Teel. Zitronensaft |
| 200 g Puderzucker |

Zubereitungszeit: 1 Stunde und 30 Minuten
Ruhezeit: 1–2 Stunden
Backzeit: 10–12 Minuten

Die Vanilleschote aufschneiden und das Mark mit einer Messerspitze herauskratzen.
Die Butter mit dem Puderzucker auf der Arbeitsfläche zu einer cremigen Masse verarbeiten, das Eigelb und die Gewürze mit dem Vanillemark hinzufügen. Zum Schluß das Mehl darunterkneten. Diesen Mürbteig zugedeckt etwa 1–2 Stunden im Kühlschrank ruhen lassen.
Den Teig in 3 Teile schneiden, jeden Teil auf der bemehlten Arbeitsfläche zu einem 40 cm langen Strang rollen, in 20 gleichmäßige Stücke schneiden und aus diesen dünne Stränge von jeweils 25 cm Länge rollen.
Den Backofen auf 180° vorheizen.
Aus den Teigsträngen Brezeln formen und die Enden mit etwas Eiweiß festkleben.

Die Brezeln auf das ungefettete Backblech legen und auf der mittleren Schiebeleiste in etwa 10–12 Minuten goldgelb backen. Den Arrak mit dem Zitronensaft und dem Puderzucker mischen und eine relativ dünnflüssige Glasur rühren. Die Brezeln eintauchen und auf einem Kuchengitter abtropfen lassen.

## Schokoladenbrezeln

| Zutaten für etwa 60 Stück: |
| --- |
| 200 g Butter |
| 100 g Puderzucker |
| 1 Eigelb · 2 cl Rum |
| 1 Messerspitze Salz |
| 250 g Mehl |
| 70 g Kakao |
| 500 g Kuvertüre |
| Außerdem: |
| Pergamentpapier oder |
| Backtrennpapier |

Die Zubereitung des Teiges ist die gleiche wie für die nebenstehenden Arrakbrezeln. Das Mehl und das Kakaopulver werden in diesem Fall zusammen durchgesiebt, damit sich das Kakaopulver besser verteilt. Die Brezeln werden nach der gleichen Methode geformt und ebenfalls bei 180° auf der mittleren Schiebeleiste in 10–12 Minuten gebacken.
Die Kuvertüre wie auf Seite 47 beschrieben verarbeiten und die abgekühlten Brezeln eintauchen.

Auf Pergamentpapier oder Backtrennpapier absetzen und die Kuvertüre erstarren lassen.

# Butterplätzchen und Mürbgebäck

## Pangani

Das ist ein italienisches, apart gewürztes Buttergebäck.

| Zutaten für etwa 90 Stück: |
| --- |
| 1 Vanilleschote |
| 300 g weiche Butter |
| 350 g brauner Zucker (Farinzucker) |
| 1 Teel. gemahlener Zimt |
| je 1 Messerspitze gemahlener Kardamom und Piment |
| 1 Messerspitze Salz |
| 3 bittere, geschälte, gemahlene Mandeln |
| 1 Ei |
| 4–5 Eßl. Milch |
| 750 g Mehl |
| 300 g Kuvertüre |
| Backtrennpapier |

Zubereitungszeit: 1 Stunde und 20 Minuten
Kühlzeit: mindestens 2 Stunden
Backzeit: 12–15 Minuten

Die Vanilleschote aufschneiden und das Mark mit einer Messerspitze herauskratzen, mit der Butter auf eine Arbeitsfläche geben. Den Zucker, den Zimt, den Kardamom, das Piment, das Salz und die Mandeln zur Butter geben und alles miteinander zu einer glatten Masse verkneten. Jetzt das Ei und die Milch in den Teig arbeiten und zum Schluß möglichst rasch das Mehl darunterkneten.
Den fertigen Teig in 3 gleichgroße Stücke teilen und daraus 3 Stränge von 20 cm Länge rollen. Diese Stränge mit Hilfe eines stumpfen Messers kantig formen, so daß sich beim Abschneiden quadratische Scheiben ergeben. Die Stangen am besten über Nacht, mindestens aber 2 Stunden im Kühlschrank ruhen lassen. Ein Backblech mit Backtrennpapier auslegen.
Den Backofen auf 190° vorheizen.
Aus jeder Rolle 30 Scheiben schneiden. Mit genügend Abstand auf das Backblech legen und auf der mittleren Schiebeleiste im Backofen in etwa 12–15 Minuten hellbraun backen. Das Blech herausnehmen und die Pangani abkühlen lassen.
Die Kuvertüre wie auf Seite 47 beschrieben verarbeiten. Die Pangani von Eck zu Eck eintauchen, die Unterseite am Schüsselrand abstreifen und die Plätzchen auf Pergamentpapier trocknen lassen.

## Muskatzonen

| Zutaten für etwa 30 Stück: |
| --- |
| 125 g Butter |
| 125 g Zucker |
| 1 Ei |
| 1 Zitrone, unbehandelt |
| 1 Messerspitze geriebene Muskatnuß |
| 1 Prise Zimt |
| 1 Prise gemahlene Nelken |
| 125 g Mehl |
| 125 g Haselnüsse |
| 125 g Semmelbrösel |
| 1 Eigelb zum Bestreichen |
| 90 Mandelhälften |
| Butter zum Einfetten |

Zubereitungszeit: 50 Minuten
Kühlzeit: 2 Stunden
Backzeit: 12–15 Minuten pro Blech

Die Butter mit dem Zucker, dem Ei, der abgeriebenen Schale von einem Viertel der Zitrone und den Gewürzen verkneten.
Das Mehl in eine Schüssel sieben. Die Haselnüsse mahlen, mit den Semmelbröseln zum Mehl geben und mit der Buttermasse rasch zu einem Teig verkneten.
Zugedeckt 2 Stunden im Kühlschrank ruhen lassen.
Die Arbeitsfläche ganz dünn mit Mehl bestauben und den Teig darauf ½ cm dick ausrollen. Wenn der Teig klebt, diesen mit einem langen Tortenmesser von der Arbeitsfläche lösen und wieder etwas Mehl darunterstauben.
Den Backofen auf 190° vorheizen.
Gewellte Bögen ausstechen (es kann natürlich auch eine andere Form sein) und auf ein ganz dünn eingefettetes Backblech legen. Das Eigelb verquirlen und die Muskatzonen damit bestreichen und mit je 3 Mandelhälften belegen. Die Plätzchen auf der mittleren Schiebeleiste in etwa 12–15 Minuten hellbraun backen.

# Butterplätzchen und Mürbgebäck

## Schwäbische Butter-S

---
Zutaten für etwa 40–50 Stück:
250 g weiche Butter
125 g Puderzucker
1 Messerspitze Salz
abgeriebene Schale von
½ Zitrone, unbehandelt
3 Eigelb · 400 g Mehl
Außerdem:
1 Eigelb zum Bestreichen
etwa 50–70 g Hagelzucker zum
Bestreuen
---

Zubereitungszeit: 60 Minuten
Ruhezeit: über Nacht
Backzeit: etwa 15 Minuten pro Blech

Die Butter in einer Schüssel mit dem Puderzucker, dem Salz, der Zitronenschale und den Eigelben zu einer cremigen Masse verarbeiten. Das Mehl darübersieben und daraus sehr rasch einen Mürbteig kneten. In Folie verpacken und im Kühlschrank mindestens 3–4 Stunden, besser noch über Nacht, ruhen lassen. Den Teig dann zu einer Rolle formen und gleichmäßig große Stücke abschneiden. Aus den Stücken 8–9 cm lange Stangen rollen und in S-Form auf das ungefettete Backblech legen. Dabei auf den nötigen Zwischenraum achten, denn das Gebäck läuft ein bißchen auseinander. Den Backofen auf 190° vorheizen.

Das Eigelb mit einigen Tropfen Wasser oder Milch verrühren. Die Butter-S damit bestreichen und, solange das Eigelb noch feucht ist, mit Hagelzucker bestreuen. Wenn davon etwas auf das Backblech fällt, mit einem Pinsel entfernen, weil der Zucker beim Backen verbrennt.

Auf der mittleren Schiebeleiste im vorgeheizten Backofen in etwa 10 Minuten schön goldgelb backen. Noch warm mit einem breiten Messer vom Backblech heben und auf einem Kuchengitter erkalten lassen.

## Orangenzungen

---
Zutaten für etwa 30–35 Stück:
100 g Marzipan-Rohmasse
200 g Butter
100 g Puderzucker
abgeriebene Schale von
2 Orangen, unbehandelt
4 Eigelb · 260 g Mehl
Außerdem:
Butter zum Einfetten, Mehl zum
Bestäuben des Backblechs
200 g Orangenmarmelade
200 g Kuvertüre
---

Zubereitungszeit: 1 Stunde und 30 Minuten
Backzeit: 9–10 Minuten pro Blech

Die Marzipan-Rohmasse würfeln und mit der Hälfte der Butter und dem Puderzucker in eine Schüssel geben und mit einem Holzspatel glattrühren. Das Marzipan muß sich vollständig auflösen. Die restliche Butter, die Orangenschale und die Eigelbe darunterrühren. Zum Schluß das Mehl darübersieben und ebenfalls unterrühren.

Das Backblech einfetten und mit Mehl bestauben.
Den Backofen auf 190° vorheizen.
Den Teig in einen Spritzbeutel mit Lochtülle Nr. 7 füllen und auf das Backblech Streifen in Form von Löffelbiskuits von etwa 5–6 cm Länge spritzen. Dabei auf genügend Abstand achten, weil der Teig auseinanderläuft.
Die Orangenzungen auf der mittleren Schiebeleiste 10–12 Minuten backen, noch heiß mit einem breiten Messer vom Backblech nehmen.
Die Orangenmarmelade in eine Papiertüte füllen. Die Orangenzungen auf der Unterseite damit besprizten und jeweils zwei mit den Unterseiten zusammensetzen.
Die Kuvertüre wie auf Seite 47 beschrieben verarbeiten und die Orangenzungen dann zur Hälfte eintauchen, am Schüsselrand gut abstreifen und auf Pergamentpapier erstarren lassen.

# Butterplätzchen und Mürbgebäck

## Schokoladen-Nußstangen

Dieses Gebäck ist besonders mürb und »sandig«. Wenn es mit dem Spritzbeutel mit Sterntülle gespritzt werden soll, dann macht das doch einige Mühe, weil der Teig ziemlich fest ist. Mit einem Spritzvorsatz der Fleischmaschine geht das Ganze viel leichter und einfacher. Will man aber Ringe machen oder kompliziertere Formen, muß man natürlich die Teigstränge noch in die gewünschte Form bringen.

| Zutaten für etwa 70 Stück: |
|---|
| ½ Vanilleschote |
| 180 g Butter |
| 100 g Puderzucker · 1 Ei |
| 80 g Kuvertüre |
| 300 g Mehl |
| 70 g feingemahlene Haselnüsse |
| Außerdem: |
| 200 g Kuvertüre |
| gehackte Haselnüsse zum Bestreuen |

Zubereitungszeit: 1 Stunde und 20 Minuten
Backzeit: etwa 10–12 Minuten pro Blech

Die Vanilleschote aufschneiden und das Mark mit einer Messerspitze herauskratzen.
Die Butter mit dem Puderzucker, dem Vanillemark und dem Ei zu einer glatten, aber keinesfalls schaumigen Masse verrühren. Die Kuvertüre im Wasserbad auflösen und noch warm zur Buttermischung rühren, zuletzt das Mehl und die sehr feingemahlenen Haselnüsse.
Den Backofen auf 190° vorheizen.
Den Teig sofort in einen Spritzbeutel füllen und auf dem Backblech zu Ornamenten spritzen. Oder durch die Fleischmaschine mit Spritzvorsatz drehen, in gleich lange Stücke schneiden und mit genügend Abstand voneinander auf ein nicht eingefettetes Backblech legen.
Auf der mittleren Schiebeleiste des Backofens in etwa 10–12 Minuten goldbraun backen, herausnehmen und abkühlen lassen.
Die Kuvertüre wie auf Seite 47 beschrieben verarbeiten und die Gebäckstücke dann zu einem Drittel hineintauchen, am Schüsselrand abstreifen und zum Erstarren auf Pergamentpapier setzen. Mit gehackten Haselnüssen bestreuen, solange die Kuvertüre noch weich ist.

## Spritzgebäckschleifen

| Zutaten für etwa 80 Stück: |
|---|
| 300 g weiche Butter |
| 250 g Puderzucker |
| 125 g Speisestärke |
| 1½ Tassen Milch |
| abgeriebene Schale von |
| ½ Zitrone, unbehandelt |
| 1 Messerspitze Salz |
| 500 g Mehl |
| Außerdem: |
| Belegkirschen oder Kuvertüre |

Zubereitungszeit: 30–40 Minuten
Backzeit: etwa 12 Minuten pro Blech

Die Butter mit dem Puderzucker in einer Schüssel glatt, aber nicht schaumig rühren. Dann die Speisestärke und zunächst nur 1 Tasse Milch sowie die Zitronenschale und das Salz unterrühren. Dann das Mehl zugeben und einen Mürbteig kneten.
Den Backofen auf 190° vorheizen.
Soll der Teig mit dem Spritzvorsatz der Fleischmaschine weiterverarbeitet werden, dann dürfte die Teigkonsistenz gerade recht sein. Sollen aber mit dem Spritzbeutel Ornamente auf das Backblech gespritzt werden, muß die fehlende ½ Tasse Milch noch zugegeben werden.
Die Schleifen mit halben Belegkirschen garnieren. Auf der mittleren Schiebeleiste in 12 Minuten goldgelb backen.
Sollen sie mit Kuvertüre überzogen werden, müssen die Plätzchen vorher ganz erkalten.
Die Kuvertüre wie auf Seite 47 beschrieben verarbeiten und die Plätzchen zu einem Drittel eintauchen, am Schüsselrand abstreifen und zum Erstarren auf Pergamentpapier absetzen.

# Butterplätzchen und Mürbgebäck

## Kuvertüre temperieren

Weihnachtsgebäck und Schokolade gehören einfach zusammen. Aber beides zusammenzubringen ist nicht so einfach, wie jeder weiß, der schon mal Plätzchen in die erwärmte Schokolade getaucht hat und vergeblich darauf wartete, daß sie fest wurde. Wenn dies, vielleicht mit Hilfe des Kühlschranks, dann endlich doch gelang, so war sie unter Umständen grau und streifig, statt schön glänzend schokoladenbraun. Diese Tücken bei der Verarbeitung von Kuvertüre kann man natürlich umgehen, wenn man sie durch Schokoladenfettglasur, die es fertig zu kaufen gibt, ersetzt. Wie der Name schon sagt, ist das eine Glasur aus Pflanzenfett mit Kakao, die sehr leicht zu verarbeiten ist, geschmacklich aber einem Vergleich mit echter Schokolade nicht standhält. Deshalb habe ich in den Rezepten bei den Zutaten auch immer nur Kuvertüre angegeben.

Für feines Gebäck sollte man nur echte Schokolade verwenden, das heißt Kuvertüre (vom französischen Wort couverture = Dekke). Sie ist aber nicht ohne weiteres zu verwenden, weil sie erst einmal »temperiert« werden muß, um geschmacklich und optisch zu befriedigen.

Warum temperieren? Schokolade (Kuvertüre) besteht aus Kakaomasse, Kakaobutter und Zucker. Soll die Schokolade gut schmecken und das überzogene Gebäck schön braun glänzen, so muß sie bei einer bestimmten Temperatur, nämlich 32°, verarbeitet werden. Es reicht aber nicht aus, und das ist der wichtigste Punkt, die Kuvertüre einfach bis auf 32° zu erwärmen. Das ist nur der erste Schritt. Danach muß sie fast bis zum Festwerden wieder erkalten, um dann erneut bis auf 32° erwärmt zu werden. Dies muß man nicht mit einem Thermometer messen; taucht man einen Finger in die Kuvertüre, so muß sie sich noch kühl anfühlen.

**Bild 1:** Die Kuvertüre mit einem kräftigen und scharfen Messer zerkleinern.

**Bild 2:** Die Hälfte der Kuvertüre in eine Schüssel geben und im Wasserbad unter ständigem Rühren auflösen.

**Bild 3:** Die restliche Schokolade hineinschütten und in der warmen Kuvertüre auflösen. Dadurch kühlt sie zugleich ab. Im Kühlschrank so lange stehen lassen, bis sie dickflüssig und kalt ist.

**Bild 4:** Die Schokolade im Wasserbad erneut etwas erwärmen, bis die Kuvertüre wieder dünnflüssig geworden ist.

**Bild 5:** Mit Hilfe eines in die Kuvertüre getauchten Messers kann man die richtige Temperatur prüfen. Die Schokolade muß in wenigen Minuten fest werden, sie soll seidig glänzen und eine kräftig braune Farbe haben.

**Bild 6:** Das Gebäck eintauchen und dann die Unterseite am Schüsselrand abstreifen oder abklopfen. Zum Erstarren auf Pergamentpapier absetzen. Die Kuvertüre während der Verarbeitungszeit am besten im Wasserbad belassen, damit sie nicht fest wird und man den ganzen Vorgang wiederholen muß. Ab und an durchrühren, damit sich keine Kakaobutter absetzt.

# Butterplätzchen und Mürbgebäck

## Husaren-Krapferln

Zwei Gebäcke mit Haselnüssen. Bei den Krapferln ergänzt sich der Nußgeschmack durch die säuerliche Marmelade bestens. Bei den Nußtalern unterstreichen die Gewürze das typische Aroma.

| Zutaten für etwa 60 Stück: |
|---|
| 1 Vanilleschote |
| 200 g Butter |
| 100 g Zucker |
| 2 Eigelbe |
| 1 Prise Salz |
| 300 g Mehl |
| 100 g gemahlene Haselnüsse |
| Puderzucker zum Besieben |
| 200 g Johannisbeermarmelade |

Zubereitungszeit: 50 Minuten
Ruhezeit: 3 Stunden
Backzeit: 12–15 Minuten pro Blech

Die Vanilleschote aufschneiden, das Mark mit einer Messerspitze herauskratzen.
Die Butter mit dem Zucker, den Eigelben, dem Vanillemark und dem Salz in einer Schüssel verkneten. Das Mehl darübersieben und alles zu einem Mürbteig verarbeiten. Den Teig in Alufolie gewickelt 2 Stunden im Kühlschrank ruhen lassen.
Der Teig ist aber auch danach noch recht weich. Deshalb vorsichtig 2 Rollen von jeweils 30 cm Länge formen und diese nochmals 1 Stunde kühlen.
Die Rollen in 1 cm dicke Scheiben schneiden und Kugeln daraus formen. Mit genügend Abstand voneinander auf das ungefettete Backblech setzen und mit einem Kochlöffelstiel in jede Kugel eine Vertiefung drücken.
Den Backofen auf 200° vorheizen.
Die Marmelade in einen Spritzbeutel mit dünner Lochtülle füllen und in die Vertiefung spritzen. Die Krapferln auf der mittleren Schiebeleiste des vorgeheizten Backofens etwa 12–15 Minuten backen. Mit Puderzucker besieben.

## Haselnußtaler

| Zutaten für etwa 60 Stück: |
|---|
| 1 Vanilleschote |
| 200 g weiche Butter |
| 200 g brauner Zucker (Farinzucker) |
| 1 Messerspitze Salz |
| ½ Teel. gemahlene Nelken |
| ½ Teel. gemahlener Zimt |
| 1 Eigelb |
| 2 Eßl. Milch |
| 150 g gehackte Haselnüsse |
| 200 g Mehl |
| 250 g Kuvertüre oder Schokoladenfettglasur |
| 80 g geröstete, gehackte Haselnüsse zum Bestreuen |

Zubereitungszeit: 50 Minuten
Ruhezeit: 2–3 Stunden
Backzeit: 12–15 Minuten pro Blech

Die Vanilleschote aufschneiden, das Mark mit einer Messerspitze herauskratzen.
Die Butter mit dem Zucker auf eine Arbeitsfläche geben, das Salz und die Gewürze zugeben und mit den Händen verkneten. Dann das Eigelb und die Milch darunterarbeiten und zum Schluß die gehackten Haselnüsse und das Mehl darunterkneten. Den Teig halbieren und 2 Rollen von 20 cm Länge daraus formen. Im Kühlschrank etwas fest werden lassen und nochmals rollen, damit sie auch schön rund sind.
Den Backofen auf 190° vorheizen.
Die Rollen im Kühlschrank oder in 10 Minuten im Gefrierfach ganz fest werden lassen und aus jeder Stange etwa 30 Scheiben schneiden. Mit genügend Abstand voneinander auf das ungefettete Backblech legen und auf der mittleren Schiebeleiste in 12–15 Minuten schön hellbraun backen.
Die Kuvertüre wie auf Seite 47 beschrieben verarbeiten.
Die abgekühlten Taler zur Hälfte in die Kuvertüre tauchen, auf der Unterseite am Schüsselrand abstreifen und auf Pergamentpapier absetzen. Mit den gehackten Nüssen bestreuen.

# Butterplätzchen und Mürbgebäck

## Butterbrote

| Zutaten für etwa 90 Stück: |
| --- |
| ½ Vanilleschote |
| 180 g weiche Butter |
| 200 g Zucker |
| 1 Messerspitze Salz |
| ½ Teel. Zimt · 1 Eigelb |
| 200 g gemahlene Mandeln |
| 100 g geriebene Schokolade |
| 250 g Mehl |
| Für den Guß: |
| 3 Eigelbe |
| 10 Eßl. Puderzucker |
| 1 Teel. Zitronensaft |
| gehackte Pistazien zum Bestreuen |

Zubereitungszeit: 1 Stunde und 30 Minuten
Ruhezeit: 2–3 Stunden
Backzeit: etwa 10–12 Minuten pro Blech

Die Vanilleschote aufschneiden und das Mark mit einer Messerspitze herauskratzen.
Die Butter mit dem Zucker, den Gewürzen und dem Eigelb auf der Arbeitsfläche zu einer cremigen Masse verarbeiten. Die Mandeln und die Schokolade mit dem Mehl vermischen und anschließend schnell unter die Buttermasse kneten. Den Teig in zwei gleich große Stücke teilen und daraus 2 Stangen von je 30 cm Länge rollen. Auf eine mit Mehl bestaubte Unterlage legen und etwas flach drücken. 2–3 Stunden im Kühlschrank (oder über Nacht) fest werden lassen.

Den Backofen auf 190° vorheizen.
Von jeder Stange 45 Scheiben schneiden. Mit genügend Abstand voneinander (sie laufen beim Backen ziemlich stark auseinander) auf das ungefettete Backblech legen und auf der mittleren Schiebeleiste des Backofens in etwa 10–12 Minuten knusprig braun backen.
Die Eigelbe mit dem Puderzucker und dem Zitronensaft schaumig rühren und die Gebäckstücke damit auf der Rückseite (die sieht einer Brotscheibe besonders ähnlich) bestreichen. Mit den gehackten Pistazien bestreuen.

## Mailänderli

Ein besonders beliebtes Weihnachtsgebäck in der Schweiz, warum sie aber »Mailänderli« heißen, ist unergründbar. Zudem sind die im Umlauf befindlichen Rezepte höchst uneinheitlich, aber immer ist die Grundsubstanz ein Mürbteig mit mehr oder minder großem Anteil von Eiern.

| Zutaten für etwa 120–150 Stück, je nach Größe des Ausstechförmchens: |
| --- |
| 250 g weiche Butter |
| 250 g Puderzucker |
| 1 Messerspitze Salz |
| abgeriebene Schale von 1 Zitrone, unbehandelt |
| 3 Eier · 500 g Mehl |
| 2 Eigelbe zum Bestreichen |
| Mandelhälften zum Belegen (120–150 Stück) |

Zubereitungszeit: 60 Minuten
Ruhezeit: 2–3 Stunden
Backzeit: etwa 10 Minuten pro Blech

Die Butter mit dem Puderzucker, dem Salz und der Zitronenschale auf der Arbeitsplatte zu einer cremigen Masse verarbeiten. Dann die Eier nach und nach darunter mischen. Erst wenn sie sich vollständig in der Buttermasse aufgelöst haben, wird das Mehl darunter geknetet. Den Teig 2–3 Stunden im Kühlschrank fest werden lassen.
Den Backofen auf 190° vorheizen.
Den Teig etwa 3 mm stark ausrollen und mit einem Halbmondförmchen (5–6 cm lang) Plätzchen ausstechen, auf das ungefettete Backblech legen, mit dem verquirlten Eigelb bestreichen und mit jeweils einer halben Mandel belegen.
Auf der mittleren Schiebeleiste des Backofens in etwa 10 Minuten schön goldgelb backen.

# Butterplätzchen und Mürbgebäck

## Himbeerringe

| Zutaten für etwa 30–35 Stück: |
| :---: |
| 400 g Mehl · 120 g Zucker |
| 1 Prise Salz |
| abgeriebene Schale von |
| 1 Zitrone, unbehandelt |
| 1 Päckchen Vanillinzucker |
| 1 Eigelb · 2 cl Rum |
| 250 g Butter |
| Zum Bestreuen und Belegen: |
| 2 Eßl. Puderzucker |
| 250 g Himbeermarmelade |

Zubereitungszeit: etwa 60 Minuten
Ruhezeit: 2 Stunden
Backzeit: 10–15 Minuten pro Blech

Das Mehl auf ein Backbrett sieben, in die Mitte eine Vertiefung drücken, dann Zucker, das Salz, die Zitronenschale, den Vanillinzucker, das Eigelb und den Rum hineingeben. Die Butter in Flöckchen auf dem Mehlrand verteilen. Alles gut zu einem Mürbteig verkneten und den Teig, in Alufolie gewickelt, 2 Stunden im Kühlschrank ruhen lassen.
Den Backofen auf 180° vorheizen.
Den Teig auf einer bemehlten Fläche portionsweise 3 mm dünn ausrollen. Aus dem Teig runde Plätzchen und Ringe (6 cm Außendurchmesser) in gleicher Größe und Anzahl ausstechen und auf das ungefettete Backblech legen.
Auf der mittleren Schiebeleiste 10–15 Minuten backen. Das Gebäck mit einem breiten Messer vom Blech heben und auf einem Kuchengitter abkühlen lassen.
Die Ringe mit dem Puderzucker besieben. Die Marmelade bei schwacher Hitze glattrühren, die ganzen Plätzchen damit bestreichen und die Ringe daraufsetzen. In die Mitte noch etwas Marmelade geben. Gut trocknen lassen.

### Variante: Garniertes Himbeergebäck

Für dieses Gebäck kann man den Teig der »Himbeerringe« verwenden. Sie werden aber mit glatten, runden Formen ausgestochen und ebenfalls mit Himbeermarmelade zusammengesetzt.
Aus braunem Rum und Puderzucker eine dünne, leicht transparente Glasur rühren und die Gebäckstücke dünn damit bestreichen. Wenn sie übereinandergeschichtet in einer Dose aufbewahrt werden sollen, müssen sie vorher vollständig abtrocknen.

## Linzer Kranzerl

| Zutaten für etwa 50 Stück: |
| :---: |
| 4 hartgekochte Eigelbe |
| 120 g Puderzucker |
| 200 g weiche Butter |
| 2 Päckchen Vanillinzucker |
| 1 Prise Salz · 300 g Mehl |
| 120 g ungeschälte Mandeln |
| 1 Eigelb |
| ½ Tasse Johannisbeergelee |

Zubereitungszeit: 60 Minuten
Ruhezeit: 2 Stunden
Backzeit: 10–15 Minuten pro Blech

Die hartgekochten Eigelbe durch ein Haarsieb streichen und mit 80 g gesiebtem Puderzucker und der Butter schaumig rühren. Den Vanillinzucker, das Salz und das gesiebte Mehl zufügen und alles gut miteinander verkneten. Den Mürbteig in Alufolie gewickelt 2 Stunden im Kühlschrank ruhen lassen.
Die Mandeln mit kochendheißem Wasser überbrühen, kurz ziehen lassen, abschrecken, schälen und grobhacken.
Den Backofen auf 200° vorheizen.
Den Teig 4 mm dick ausrollen und Ringe von etwa 6 cm Außen- und 2½ cm Innendurchmesser ausstechen.
Das rohe Eigelb verquirlen, die Ringe einseitig damit bestreichen und mit dieser Seite in die grobgehackten Mandeln drücken. Die Ringe mit den Mandeln nach oben auf ein ungefettetes Backblech legen und auf der mittleren Schiebeleiste 10–15 Minuten backen.
Das Gebäck abkühlen lassen.
Die Unterseite der Plätzchen mit dem verrührten Johannisbeergelee bestreichen, je zwei Ringe zusammensetzen.

# Butterplätzchen und Mürbgebäck

## Ischler Mandelschnitten

| Zutaten für etwa 40 Stück: |
| --- |
| 200 g weiche Butter |
| 120 g Zucker |
| abgeriebene Schale von ½ Zitrone, unbehandelt |
| 1 Eigelb |
| 180 g ungeschälte, gemahlene Mandeln |
| 270 g Mehl |
| Zum Bestreichen: |
| 150 g Himbeermarmelade |
| Für den Guß: |
| 250 g Kuvertüre |
| 45 Mandelhälften |
| 1 Eiweiß und Zucker für die Mandeln |

Zubereitungszeit: 2 Stunden
Kühlzeit: über Nacht
Backzeit: 12 Minuten pro Blech

Die Butter mit dem Zucker, der Zitronenschale und dem Eigelb verrühren, die Mandeln und das Mehl unterkneten. Den Teig über Nacht kühl stellen.
Den Backofen auf 180° vorheizen.
Den Teig 3–4 mm stark ausrollen und Schnitten von 4,5 × 2,5 cm schneiden. Auf das ungefettete Backblech legen und auf der mittleren Schiebeleiste etwa 12 Minuten backen.
Die Hälfte der Schnitten mit erwärmter Marmelade bestreichen und je zwei zusammensetzen. Die Kuvertüre wie auf Seite 47 beschrieben verarbeiten und die Oberfläche der Schnitten hineintauchen.
Die Mandeln erst in das Eiweiß, dann in den Zucker tauchen und auf die noch weiche Kuvertüre legen.

## Vanillekipferl

| Zutaten für etwa 80 Stück: |
| --- |
| 1 Vanilleschote |
| 100 g geschälte Mandeln |
| 280 g Mehl · 90 g Zucker |
| 1 Messerspitze Salz |
| 200 g weiche Butter |
| 2 Eigelbe |
| Vanillezucker aus dem Mark von 1 Vanilleschote und 150 g Zucker |

Zubereitungszeit: 1 Stunde und 30 Minuten
Kühlzeit: über Nacht
Backzeit: 10–15 Minuten pro Blech

Die Vanilleschote aufschneiden, das Mark herauskratzen. Die Mandeln sehr fein mahlen und mit dem Mehl, dem Zucker, dem Salz, dem Vanillemark und der Butter in Flöckchen auf der Arbeitsplatte mit einem großen Messer durchhacken, die Eigelbe dazugeben und einen Teig kneten, in Folie gewickelt kühl stellen. Aus dem Teig eine Rolle formen und aus dieser 50 gleich große Stücke schneiden.
Den Backofen auf 190° vorheizen.

Aus den Teigstücken kleine, spitz zulaufende Röllchen und diese zu Hörnchen formen und auf das ungefettete Backblech legen. Auf der mittleren Schiebeleiste in etwa 12 Minuten hellbraun backen. Die Kipferl noch warm in dem Vanillezucker wenden.

# Butterplätzchen und Mürbgebäck

## Walnußherzen

| Zutaten für etwa 40 Stück: |
|---|
| ½ Vanilleschote |
| 150 g Butter |
| 130 g Puderzucker |
| 1 Messerspitze Salz |
| 1 Messerspitze gemahlener Ingwer |
| 1 Eigelb |
| 250 g Mehl |
| 60 g gemahlene Walnüsse |
| Für die Füllung: |
| 50 g Marzipan-Rohmasse |
| 100 g Orangenmarmelade |
| Außerdem: |
| 250 g Kuvertüre |
| halbe Walnüsse zum Belegen |
| Mehl zum Bestäuben der Arbeitsfläche |

Zubereitungszeit: 1 Stunde und 50 Minuten
Ruhezeit: 1–2 Stunden
Backzeit: etwa 12 Minuten

Die Vanilleschote aufschneiden und das Mark mit einer Messerspitze herauskratzen.
In einer Schüssel die Butter mit dem Zucker, dem Salz, dem Ingwer und dem Vanillemark cremig verkneten und dann das Eigelb darunterarbeiten. Das Mehl und die Walnüsse darübergeben und schnell zu einem glatten Mürbteig kneten. Keinesfalls länger als nötig bearbeiten, da der Teig sonst leicht »brandig« wird, das heißt, er wird kurz und brüchig. Den Teig dann für 1–2 Stunden in Folie gewickelt im Kühlschrank ruhen lassen.
Den Backofen auf 190° vorheizen.
Auf der mit Mehl bestaubten Arbeitsfläche den Teig etwa 3 mm dick ausrollen und kleine Herzen (etwa 5 cm breit) ausstechen. Die Plätzchen auf ein ungefettetes Backblech legen und auf der mittleren Schiebeleiste des Backofens in etwa 10 Minuten schön hellbraun backen.
Die Marzipan-Rohmasse in kleine Würfel schneiden und mit der Orangenmarmelade glatt verrühren. Je 2 Herzen mit diesem Orangenmarzipan zusammensetzen. Die Kuvertüre wie auf Seite 47 beschrieben verarbeiten.
Die Oberseite der Herzen dann in die Kuvertüre tauchen und jede mit einer halben Walnuß belegen.

Eine besonders feine Variante bekommt man, wenn man die Herzen statt mit Orangenmarzipan mit erwärmtem Nougat zusammensetzt.

## Schokoladenherzen

| Zutaten für etwa 30 Stück: |
|---|
| 200 g Butter |
| 120 g Zucker |
| abgeriebene Schale von ½ Zitrone, unbehandelt |
| 1 Eigelb |
| 180 g ungeschälte, gemahlene Mandeln |
| 270 g Mehl |
| Zum Bestreichen: |
| 60 g Zucker · 4 cl Wasser |
| 1 Teel. Zitronensaft |
| 2 cl Maraschino |
| 120 g Marzipan-Rohmasse |
| 60 g gemahlene Mandeln |
| 250 g Kuvertüre |
| Pistazien zum Bestreuen |

Zubereitungszeit: 1 Stunde
Kühlzeit: über Nacht
Backzeit: 12 Minuten pro Blech

Wie im Rezept für Ischler Mandelschnitten auf Seite 54 beschrieben einen Mürbteig zubereiten und kühl stellen.
Den Backofen auf 180° vorheizen.
Den Teig ausrollen (dafür braucht man etwas Geduld) und etwa 6 cm breite Herzen ausstechen. Auf ein ungefettetes Backblech legen und auf der mittleren Schiene in etwa 12 Minuten hellbraun backen. Den Zucker mit dem Wasser und dem Zitronensaft klären (s. Seite 7), abgekühlt mit dem Maraschino mischen und mit dem Marzipan und den Mandeln zu einer streichbaren Masse vermischen. Je 2 Herzen zusammensetzen. Die Kuvertüre wie auf Seite 47 beschrieben verarbeiten, die Herzen damit überziehen und mit den feingehackten Pistazien bestreuen. Abgebildet sind diese Herzen auf der vorhergehenden Seite.

# Butterplätzchen und Mürbgebäck

## Orangenkekse

| Zutaten für 80 Stück: |
| :---: |
| 250 g Butter |
| 250 g brauner Zucker (Farinzucker) |
| 2 Eier · ½ Teel. Salz |
| abgeriebene Schale von 2 Orangen, unbehandelt |
| 150 g Weizenvollkornmehl Typ 1700 |
| 200 g Weizenmehl Typ 405 oder 550 |

Zubereitungszeit: 60 Minuten
Ruhezeit: 60 Minuten
Backzeit: etwa 8–10 Minuten pro Blech

Die Butter mit dem Zucker auf der Arbeitsfläche weich und cremig kneten, die beiden Eier nacheinander darunterarbeiten, dann das Salz und die Orangenschale. Zuletzt die beiden Mehlsorten darunterkneten.
Den Teig zu 2 Rollen von 35 cm Länge formen. Im Kühlschrank etwas fest werden lassen, dann herausnehmen und nochmals rollen, damit sie auch gleichmäßig rund sind. Wieder im Kühlschrank fest werden lassen.
Den Backofen auf 200° vorheizen.
Die Rollen in je 40 Scheiben schneiden. Mit etwas Zwischenraum voneinander auf ungefettete Backbleche legen und auf der mittleren Schiebeleiste des Backofens in 8–10 Minuten knusprig hellbraun backen.

## Aprikosentaler

| Zutaten für 70–80 Stück: |
| :---: |
| 250 g Butter |
| 200 g brauner Zucker (Farinzucker) |
| ¼ Teel. Salz |
| ¼ Teel. gemahlener Ingwer |
| abgeriebene Schale von 1 Zitrone, unbehandelt |
| 200 g Mehl |
| 150 g feinste Haferflocken |
| etwa 100 g Aprikosenmarmelade |

Zubereitungszeit: 60 Minuten
Kühlzeit: etwa 60 Minuten
Backzeit: etwa 8–10 Minuten pro Blech

Die Butter mit dem Zucker, dem Salz, dem Ingwer und der Zitronenschale zu einer cremigen Masse rühren. Dann das Mehl und die Haferflocken zugeben und einen glatten Mürbteig kneten. 2 Rollen von etwa 30 cm Länge daraus formen und im Kühlschrank fest werden lassen. Eventuell nach einiger Zeit nochmals rollen, damit die Stangen auch gleichmäßig rund sind.
Den Backofen auf 200° vorheizen.
Nach einer weiteren Kühlphase jede Rolle in etwa 35 Scheiben schneiden. Diese auf ungefettete Backbleche mit genügend Abstand voneinander legen, weil sie beim Backen etwas auseinander laufen. In die Mitte mit einem Teelöffel jeweils einen Tupfer Aprikosenmarmelade setzen und das Gebäck auf der mittleren Schiebeleiste in etwa 8–10 Minuten knusprig braun backen.

**Variante: Himbeertaler**

Sie sind so knusprig wie die Aprikosentaler, aber wesentlich würziger im Geschmack. Das wird durch 1 zusätzlichen Teelöffel gemahlenen Zimt, 1 Messerspitze gemahlene Nelken und ¼ Teelöffel gemahlenen Piment, die in den Teig geknetet werden, erreicht. Die Aprikosenmarmelade wird durch Himbeermarmelade ersetzt. Die Zubereitung ist die gleiche wie bei den Aprikosentalern, die Backzeit beträgt ebenfalls 8–10 Minuten pro Blech.

# Butterplätzchen und Mürbgebäck

## Heidesand

| Zutaten für etwa 70 Stück: |
|---|
| ½ Vanilleschote |
| 50 g Marzipan-Rohmasse |
| 200 g Butter |
| 80 g Puderzucker |
| 1 Messerspitze Salz |
| 250 g Mehl |
| Außerdem: |
| 1 Eigelb zum Bestreichen |
| Zucker |

Zubereitungszeit: 60 Minuten
Ruhezeit: etwa 60 Minuten
Backzeit: 10–12 Minuten pro Blech

Die Vanilleschote aufschneiden und das Mark mit einer Messerspitze herauskratzen.
Die Marzipan-Rohmasse würfeln und auf der Arbeitsfläche mit einem kleinen Teil der Butter verkneten, bis eine cremige Masse entstanden ist. Dann die übrige Butter, den Puderzucker, das Vanillemark und das Salz kräftig unterarbeiten und zuletzt das Mehl rasch darunterkneten.
Den Teig in 2 gleich große Stücke schneiden und 2 Rollen von etwa 25 cm Länge daraus formen. Im Kühlschrank etwas fest werden lassen, wieder herausnehmen und, falls die Rollen etwa oval sein sollten, nochmals nachrollen, bis sie schön rund sind. Im Kühlschrank in etwa 60 Minuten fest werden lassen.
Den Backofen auf 190° vorheizen.
Die Teigrollen mit dem verquirlten Eigelb bestreichen und in Zucker wälzen. Von jeder Rolle etwa 35 Scheiben schneiden und diese mit genügend Abstand voneinander (Heidesand läuft beim Backen ziemlich auseinander) auf das ungefettete Backblech legen und auf der mittleren Schiebeleiste in 10–12 Minuten schön gelb bis hellbraun backen.

### Variante: Gefüllter Heidesand

Dafür sollten die Plätzchen etwas dünner geschnitten und auch weniger lang gebacken werden. 200 g Nougatmasse im Wasserbad auflösen und den Heidesand auf der glatten Unterseite damit dünn bestreichen. Je ein zweites Gebäckstück wird ebenfalls mit der Unterseite daraufgedrückt.

## Dänische braune Kuchen

Brune Kager heißen sie in Dänemark und sind dort das Weihnachtsgebäck Nummer eins. Wohl mit Recht, denn diese mürben, würzigen Taler schmecken ganz besonders fein. Dabei sind sie ganz schnell und problemlos zubereitet. Übrigens: je dünner sie geschnitten werden, desto besser sind sie. Besonders einfach und gleichmäßig geht's mit der Aufschnittmaschine.

| Zutaten für etwa 100 Stück: |
|---|
| 250 g Butter · 200 g Zucker |
| 125 g Rübensirup |
| 75 g geschälte, gehackte Mandeln |
| 75 g gewürfeltes Zitronat |
| ½ Teel. gemahlene Nelken |
| 2 Teel. gemahlener Zimt |
| ½ Teel. gemahlener Ingwer |
| 7 g Pottasche |
| 500 g Mehl |
| Butter zum Einfetten |

Zubereitungszeit: 1 Stunde und 30 Minuten
Ruhezeit: 24 Stunden
Backzeit: 8–10 Minuten

Die Butter zusammen mit dem Zucker und dem Sirup zum Kochen bringen. Vom Herd nehmen, die Mandeln, das Zitronat und die übrigen Gewürze unterrühren.
Die Pottasche in wenig kochendem Wasser auflösen, unter die Sirupmasse rühren und diese abkühlen lassen. Das Mehl darübersieben und unterkneten. Aus dem Teig 2 Rollen formen, in Alufolie wickeln und 24 Stunden im Kühlschrank ruhen lassen.
Backbleche mit Butter bestreichen. Den Backofen auf 200° vorheizen.
Die Teigrollen in gleichmäßig dünne Scheiben schneiden und diese mit genügend Abstand auf das Backblech legen. Auf der mittleren Schiebeleiste 8–10 Minuten backen. Mit einem breiten Messer vom Backblech heben und auf einem Kuchengitter erkalten lassen.

# Hefegebäck

## Österreichischer Striezel

Er ist ein Zopfgebäck für das Weihnachtsfest, wird aber auch während des ganzen Jahres gebacken. Die typische Form wird durch Aufeinanderlegen dreier verschiedener Hefezöpfe erreicht. Der unterste ist ein flach geflochtener Vierer-Zopf. Darauf wird ein Dreier-Zopf gelegt und obenauf eine Kordel aus zwei miteinander verdrehten Strängen.

| |
|---|
| 600 g Mehl · 40 g Hefe |
| ¼ l Milch · 130 g Butter |
| 90 g Zucker |
| ½ Teel. Salz |
| abgeriebene Schale von |
| 1 Zitrone, unbehandelt |
| 1 Ei · 80 g Rosinen |
| 40 g gewürfeltes Zitronat |
| 40 g gewürfeltes Orangeat |
| Außerdem: |
| Butter zum Einfetten des |
| Backblechs |
| 1 Eigelb zum Bestreichen |

Zubereitungszeit: 50 Minuten
Ruhezeit: 60 Minuten–1 Stunde und 30 Minuten insgesamt
Backzeit: 35–45 Minuten

Das Mehl in eine Schüssel sieben und in die Mitte eine Mulde drükken. Die Hefe hineinbröckeln und mit der lauwarmen Milch auflösen. Diesen Vorteig mit Mehl bestauben und zugedeckt an einem warmen Ort etwa 15 Minuten gehen lassen, bis sich an der Oberfläche deutliche Risse zeigen.
Die Butter schmelzen und mit dem Zucker, dem Salz, der Zitronenschale und dem Ei verrühren. Diese Mischung lauwarm zu dem gegangenen Vorteig geben und alles zu einem glatten, festen Hefeteig schlagen. Weitere 15 Minuten zugedeckt gehen lassen.
Die Rosinen, das Zitronat und das Orangeat darunterarbeiten und nochmals 15 Minuten gehen lassen.
Den Teig folgendermaßen aufteilen: für den Vierer-Zopf 700 g abwiegen, für den Dreier-Zopf 350 g und den Rest (etwa 150 g) für die Kordel.
Die abgewogenen Hefeteigstücke in die gewünschte Stückzahl aufteilen und aus diesen zunächst Kugeln, diese dann zu gleichmäßig starken Strängen (75 cm lang) rollen.
Zuerst den Vierer-Zopf flechten und auf das leicht gefettete Backblech setzen. Mit der Handkante etwas breitdrücken, damit der folgende Dreier-Zopf genügend Platz hat. Aus den beiden letzten Strängen die Kordel drehen und mit Eigelb auf dem Dreier-Zopf befestigen. Den Striezel mit einem Tuch bedeckt an einem warmen Ort gut aufgehen lassen. Er soll ganz deutlich an Volumen zunehmen.
Den Backofen auf 210° vorheizen.
Den Striezel mit Eigelb bestreichen und auf der unteren Schiene des Backofens etwa 35–45 Minuten backen. Im Zweifelsfall mit einem Holzstäbchen prüfen, ob der Teig auch wirklich gut ist – es darf nichts hängenbleiben.
Den abgekühlten Striezel mit Puderzucker besieben oder, wenn er länger saftig bleiben soll, mit heißer Aprikosenmarmelade und mit Rumglasur bestreichen.
Für die Rumglasur werden 2 cl echter brauner Rum mit soviel Puderzucker verrührt (vorsichtig nach und nach zugeben), bis die Glasur zwar milchig, aber noch etwas transparent ist.

# Hefegebäck

## Christstollen

Dies ist ein Rezept, wie es in seiner Zusammensetzung auch in Dresden, der Heimat des Christstollens, verwendet wird. Durch den hohen Anteil an Butter ist es nötig, daß diese nicht, wie bei einfachen Hefeteigen üblich, flüssig daruntergeknetet wird, sondern weich ist und mit etwas Mehl vermischt wird.

| Zutaten für 2 Stollen: |
| :---: |
| 1 Vanilleschote |
| 1 kg Mehl · 100 g Hefe |
| 40 cl lauwarme Milch (0,4 l) |
| 100 g Zucker |
| 2 Eier |
| abgeriebene Schale von |
| 1 Zitrone, unbehandelt |
| 1 Teel. Salz |
| 400 g weiche Butter |
| 200 g Mehl · 350 g Rosinen |
| 100 g geschälte, gehackte Mandeln |
| 50 g gewürfeltes Zitronat |
| 100 g gewürfeltes Orangeat |
| 2–6 cl Rum |
| 150 g Butter zum Bestreichen |
| Vanillezucker zum Bestreuen aus 200 g Zucker und dem Mark von 1 Vanilleschote |
| Pergamentpapier für das Backblech |

Zubereitungszeit: 1 Stunde und 40 Minuten
Ruhezeit: etwa 1 Stunde und 30 Minuten insgesamt
Backzeit: etwa 60 Minuten

Die Vanilleschote aufschneiden und das Mark mit einer Messerspitze herauskratzen.
Das Mehl in eine Schüssel sieben, in die Mitte eine Vertiefung drücken, die Hefe hineinbröckeln und diese mit der lauwarmen Milch auflösen. Diesen Hefeansatz mit Mehl bestauben und zugedeckt 20 Minuten gehen lassen.
Den Zucker, die Eier, das Vanillemark, die Zitronenschale und das Salz zum Hefeansatz geben und einen trockenen, festen Teig daraus schlagen. Den Teig wieder 10–15 Minuten gehen lassen.
In der Zwischenzeit die Butter mit dem Mehl zu einem weichen Teig verkneten, unter den gegangenen Hefeteig arbeiten und den Teig nochmals 15 Minuten gehen lassen.
Die Rosinen, die Mandeln, das Zitronat und das Orangeat mischen, mit dem Rum übergießen und einige Zeit durchziehen lassen.
Die Fruchtmischung dann rasch unter den Hefeteig kneten und den Teig wiederum 10–15 Minuten gehen lassen.
Aus dem Teig zuerst 2 Kugeln formen und aus diesen etwa 30 cm lange Stangen rollen. Diese Stangen mit dem Rollholz in der Mitte so bearbeiten, daß an den Längsseiten dickere Wülste stehen bleiben. An den kurzen Seiten den Teig etwas einschlagen und dann längsseits zur bekannten Stollenform zusammenklappen.
Das Backblech mit gefettetem Pergamentpapier belegen, die Stollen darauflegen und mit einem Tuch bedeckt 20–30 Minuten gehen lassen. Sie sollen deutlich an Volumen zunehmen.
Den Backofen auf 200° vorheizen.
Die Stollen auf der unteren Schiebeleiste des Backofens etwa 60 Minuten backen und mit einem Holzstäbchen prüfen, ob der Teig gut ist, es darf nichts hängenbleiben.
Die Butter zerlassen und die noch warmen Stollen damit von allen Seiten bestreichen und mit dem Vanillezucker bestreuen. Diese Hülle aus Butter und Zucker hält den Stollen saftig, verhindert das Austrocknen.

# Hefegebäck

## Wie man einen Stollen formt

Schon die Konsistenz des Teiges ist für das gute Gelingen eines Christstollens ausschlaggebend. Der Teig soll trocken, aber luftig und locker sein. Nachdem die Butter unter den Hefevorteig geknetet wurde, sollte nochmals eine längere Garphase eingelegt werden. Der Teig soll dabei kräftig aufgehen.

Grundsätzlich müßte man einem Teig für Stollen nicht immer die traditionelle Form geben. Man könnte bei der Gestaltung seiner Phantasie freien Lauf lassen. Aber in eine Kastenform kann man den Teig nicht füllen, weil er zu stark aufgeht und über den Rand laufen würde, in eine hohe Form gibt man ihn nicht, weil der schwere Teig innen feucht bliebe. Es gibt aber noch weitere Gründe für die allen bekannte Form: Da der sehr fettreiche und durch die vielen Trockenfrüchte schwere Hefeteig dazu neigt, beim Backen auseinanderzulaufen, kann man daraus auch keine runden Brote, sondern immer nur flache Laibe bilden. Die altbekannte Stollenform ist deshalb auch die sinnvollste und wie man sie zustandebringt, wird nachstehend genau beschrieben. Es ist wirklich nicht schwierig.

**Bild 1:** Den gegangenen Teig auf der Arbeitsfläche etwas auseinanderziehen und die Trockenfrüchte (bei den Abbildungen handelt es sich um einen Mandelstollen) darauf geben und möglichst rasch darunterkneten. Bei Stollen mit einem hohen Rosinen- oder Korinthenanteil muß man besonders vorsichtig und schnell zu Werke gehen, damit der Teig durch die Früchte nicht unappetitlich grau wird. Anschließend nochmals zugedeckt gehen lassen.

**Bild 2:** Den Teig zu einer Kugel rollen und diese dann in eine längliche Brotform bringen. Mit dem Rollholz nur in der Mitte dünner rollen. An den beiden Längsseiten muß jeweils eine dicke Wulst erhalten bleiben.

**Bild 3:** Damit der Stollen in seiner ganzen Länge gleichmäßig breit wird, muß man die beiden halbrunden Teigenden zur Mitte hin einschlagen und mit dem Rollholz festrollen. Stollen werden oft auch gefüllt, wie zum Beispiel der Dresdner Christstollen. Das macht man folgendermaßen: Aus Marzipan-Rohmasse wird eine etwa 2 cm dicke Rolle geformt und in die Mitte des Stollens gelegt. Dann bekommt er, wie beschrieben, seine endgültige Form.

**Bild 4:** Den Teig dann der Länge nach so zusammenfalten, daß die beiden Wülste nebeneinander liegen.

**Bild 5:** Nach dem Backen den noch heißen Stollen mit der ebenfalls heißen Butter vollständig einpinseln. Auch die Stollenunterseite soll gleichmäßig eingestrichen werden.

**Bild 6:** Zucker wird mit Vanillemark gründlich vermischt. Einen Teil davon auf Pergamentpapier ausbreiten und den fertig gebackenen Stollen ganz vorsichtig darauflegen (der noch warme Stollen ist sehr zerbrechlich). Mit dem restlichen Vanillezucker von allen Seiten bestreuen. Mit Alufolie abgedeckt sollte der Stollen mindestens eine Woche ruhen, bevor er dann mit gesiebtem Puderzucker dünn bestaubt wird. Die Hülle aus Butter und Zucker hält den Stollen frisch und saftig.

# Hefegebäck

## Christbrot

Abbildung auf der vorhergehenden Doppelseite links.

Das folgende Rezept ist etwas leichter, nicht so fettreich und enthält weniger Früchte als der Dresdner Christstollen. Durch die Brotform bleibt das Gebäck auch besonders saftig.

*500 g Mehl · 35 g Hefe*
*⅛ l Milch · 120 g Butter*
*2 Eier · 70 g Zucker*
*½ Teel. Salz*
*abgeriebene Schale von*
*1 Zitrone, unbehandelt*
*120 g Rosinen*
*100 g geschälte, gehackte Mandeln*
*100 g gewürfeltes Zitronat*
*50 g gewürfeltes Orangeat*
*4 cl brauner Rum*
*Außerdem:*
*Backtrennpapier*
*130 g Butter zum Bestreichen*
*Vanillezucker zum Bestreuen*
*aus 100 g Zucker vermischt mit dem Mark von ½ Vanilleschote*
*Puderzucker zum Besieben*

Zubereitungszeit: 1 Stunde und 30 Minuten
Ruhezeit: etwa 1 Stunde und 30 Minuten insgesamt
Backzeit: etwa 50 Minuten

Das Mehl in eine Schüssel sieben, in die Mitte eine Vertiefung drücken und die Hefe hineinbröckeln. Die Milch erwärmen und zugießen, die Hefe darin verrühren, bis sie ganz aufgelöst ist, und diesen Vorteig mit etwas Mehl bestauben. Mit einem Tuch zugedeckt etwa 20 Minuten an einem warmen Ort gehen lassen, bis die Oberfläche Risse zeigt.
Die Butter schmelzen, sie darf aber nur lauwarm sein, dann in einer Schüssel mit den Eiern, dem Zucker, dem Salz und der Zitronenschale verrühren. Diese Mischung zum Vorteig geben und alles zu einem glatten Hefeteig schlagen. Nochmals 20–25 Minuten gehen lassen, bis sich das Volumen verdoppelt hat.
Die Rosinen, die Mandeln, das Zitronat und das Orangeat mit dem Rum übergießen und gut durchziehen lassen. Dann rasch unter den gut gegangenen Hefeteig kneten und diesen wieder gehen lassen.
Aus dem Teig eine Kugel formen, diese wie ein Brot etwas flachdrücken und auf ein mit Backtrennpapier belegtes Backblech legen. Das Brot mit einem Tuch zudecken und an einem warmen Ort gehen lassen, bis es deutlich an Volumen zugenommen hat.
Den Backofen rechtzeitig auf 210–220° vorheizen.
Das Christbrot auf der unteren Schiebeleiste in etwa 50 Minuten backen. Mit einem Holzstäbchen kontrollieren, ob der Teig auch wirklich gar ist (es darf nichts hängenbleiben). Dann aus dem Backofen nehmen.
Die Butter schmelzen, das Brot von allen Seiten damit bestreichen und mit dem Zucker einstreuen. Eventuell vor dem Servieren noch mit Puderzucker besieben.

## Mandelstollen

Abbildung auf der vorhergehenden Doppelseite Mitte.

Er ist von ganz besonders zartem Geschmack und eine echte Alternative für Leute, die Rosinen im Backwerk nicht schätzen.

*Zutaten für 2 Stollen:*
*1 kg Mehl · 60 g Hefe*
*⅜ l lauwarme Milch*
*1 Vanilleschote*
*2 Eier · 120 g Zucker*
*½ Teel. Salz*
*350 g Butter · 150 g Mehl*
*250 g geschälte, gehackte Mandeln*
*½ Eßl. geschälte, gemahlene bittere Mandeln*
*200 g gewürfeltes Zitronat*
*Außerdem:*
*Backtrennpapier*
*200 g Butter zum Bestreichen*
*Vanillezucker zum Bestreuen*
*aus 200 g Zucker vermischt mit dem Mark von*
*1 Vanilleschote*

Zubereitungszeit: 1 Stunde und 30 Minuten
Ruhezeit: etwa 1 Stunde und 30 Minuten insgesamt
Backzeit: etwa 50–60 Minuten

# Hefegebäck

Das Mehl in eine Schüssel sieben, in die Mitte eine Vertiefung drücken und die Hefe hineinbröckeln, die lauwarme Milch zugießen, die Hefe darin auflösen und diesen Vorteig mit etwas Mehl bestauben. Mit einem Tuch bedeckt an einem warmen Ort zugedeckt gehen lassen, bis die Oberfläche ganz deutlich sichtbare Risse zeigt.
Die Vanilleschote aufschneiden und das Mark mit einer Messerspitze herauskratzen.
Die Eier mit dem Zucker, dem Salz und dem Vanillemark verrühren und zu dem gegangenen Vorteig geben. Einen festen glatten Hefeteig kneten und schlagen. Zugedeckt nochmals 20–25 Minuten gehen lassen.
Die Butter mit dem Mehl, den Mandeln und dem gewürfelten Zitronat verkneten. Diese Mischung unter den Hefeteig arbeiten, bis wieder ein ganz glatter Teig entstanden ist. Zugedeckt nochmals 20–30 Minuten gehen lassen. Dann formen und weiterverarbeiten, wie auf Seite 67 beschrieben. Auch diesen Stollen bei 210° auf der unteren Schiebeleiste in 50–60 Minuten backen.

## Pistazienstollen

Abbildung auf der vorhergehenden Doppelseite rechts.

| Zutaten für 2 Stollen: |
| --- |
| 1 kg Mehl · 80 g Hefe |
| ⅜ l Milch · 1 Vanilleschote |
| 2 Eier |
| 130 g Zucker · ½ Teel. Salz |
| abgeriebene Schale von |
| ½ Zitrone, unbehandelt |
| 300 g Butter · 200 g Mehl |
| 200 g feingewürfeltes Orangeat |
| 120 g feingewürfeltes Zitronat |
| 200 g Marzipan-Rohmasse |
| 200 g feingehackte Pistazien |
| 100 g Puderzucker |
| 1 Eßl. Maraschino |
| Außerdem: |
| Backtrennpapier |
| 200 g Butter zum Bestreichen |
| Vanillezucker zum Bestreuen |
| aus 200 g Zucker vermischt |
| mit dem Mark 1 Vanilleschote |
| Puderzucker zum Besieben |

Zubereitungszeit: 2 Stunden
Ruhezeit: etwa 1 Stunde und 30 Minuten insgesamt
Backzeit: etwa 50–60 Minuten

Das Mehl in eine Schüssel sieben, in die Mitte eine Vertiefung drücken und die Hefe hineinbröckeln. Die Milch erwärmen und zugießen, die Hefe darin unter Rühren ganz auflösen und diesen Vorteig mit etwas Mehl bestauben, zudecken und an einem warmen Ort gehen lassen, bis die Oberfläche deutlich sichtbare Risse zeigt.
Die Vanilleschote aufschneiden und das Mark mit einer Messerspitze herauskratzen.
Die Eier mit dem Zucker, dem Salz, der Zitronenschale und dem Vanillemark verrühren, zum Vorteig geben und einen festen, glatten Hefeteig schlagen. Nochmals zugedeckt etwa 15–20 Minuten gehen lassen.
Die Butter mit dem Mehl, dem Orangeat und dem Zitronat vermengen, unter den Hefeteig kneten und den Teig zugedeckt wiederum 20 Minuten gehen lassen.
Die Marzipan-Rohmasse in Stücke schneiden, mit den Pistazien, dem Puderzucker und dem Maraschino verkneten. Diesen Pistazienmarzipan etwa 1 cm dick ausrollen und in 1 cm große Würfel schneiden. Diese möglichst schnell unter den Hefeteig kneten, sie sollen als kleine Inseln im Stollen sichtbar bleiben.
Den Teig halbieren, 2 Stollen formen und beide auf ein mit Backtrennpapier ausgelegtes Backblech legen. Mit einem Tuch bedeckt nochmals 15–20 Minuten gehen lassen, die Stollen müssen deutlich an Volumen zunehmen. Den Backofen auf 210° vorheizen.
Die Stollen auf der unteren Schiebeleiste in etwa 50–60 Minuten backen. Mit einem Holzstäbchen prüfen, ob kein Teig hängenbleibt und die Stollen wirklich gar sind, dann herausnehmen.
Die Butter schmelzen und die noch heißen Stollen von allen Seiten damit bestreichen.
Den Zucker mit dem Vanillmark vermischen und die Stollen damit einhüllen. Vor dem Servieren mit Puderzucker besieben.

# Makronen und Marzipangebäck

## Bärentatzen

Warum sie Bärentatzen heißen, tatsächlich aber in muschelförmige Model gedrückt werden, weiß man nicht. Aber dieses Gebäck hat Tradition. Wenn man solche Modeln nicht besitzt, kann man den Teig auch zu Kugeln formen oder ausrollen und beliebig ausstechen.

| Zutaten für etwa 60 Stück: |
| --- |
| 3 Eiweiß |
| 220 g Zucker |
| 100 g geriebene, bittere Schokolade (Kuvertüre) |
| 250 g ungeschälte, gemahlene Mandeln |
| abgeriebene Schale von 1 Zitrone, unbehandelt |
| ½ Teel. gemahlener Zimt |
| Außerdem: |
| Zucker zum Ausstreuen der Form |
| Butter zum Einfetten und Mehl zum Bestauben des Backblechs |

Zubereitungszeit: etwa 60 Minuten
Ruhezeit: über Nacht
Backzeit: etwa 15 Minuten pro Blech

Das Eiweiß zu festem Schnee schlagen und ⅔ des Zuckers langsam einrieseln lassen.
Den restlichen Zucker mit der geriebenen Schokolade, den gemahlenen Mandeln, der Zitronenschale und dem Zimt vermischen und unter den Eischnee mengen.
Aus dem Teig mit einem Teelöffel kleine Häufchen abstechen (die Menge durch eine Probe mit dem Model ermitteln) und mit den Händen zu Kugeln rollen. Die Form mit Zucker ausstreuen, die Teigkugel in die Form drücken und dann wieder herauslösen, indem man mit der Kante gegen die Arbeitsfläche schlägt.
Ein Backblech einfetten und mit Mehl bestauben. Die Bärentatzen daraufsetzen und über Nacht trocknen lassen.
Den Backofen auf 180° vorheizen.
Die Bärentatzen auf der mittleren Schiebeleiste etwa 15 Minuten backen. Sie sollen eine knusprige Kruste bekommen, innen aber weich bleiben.

## Nuß-Japonais

| Zutaten für etwa 40 Stück: |
| --- |
| 5 Eiweiß |
| 180 g Zucker |
| 250 g Haselnußkerne |
| 50 g Mehl |
| 80 g Puderzucker |
| Außerdem: |
| Butter zum Einfetten und Mehl zum Bestauben des Backblechs |
| 150 g Nougat zum Zusammensetzen der Plätzchen |

Zubereitungszeit: etwa 1 Stunde und 30 Minuten
Backzeit: 2–3 Stunden

Das Eiweiß zu Schnee schlagen und den Zucker langsam einrieseln lassen.
Die Haselnüsse in einer Pfanne auf dem Herd oder auf dem Backblech im vorgeheizten Backofen rösten, etwas abkühlen lassen, damit die Häutchen aufspringen und dann zwischen den Händen reiben, um die Haut ganz zu entfernen. Die Nüsse feinmahlen und mit dem Mehl und dem Puderzucker vermengen. Mit einem Holzspatel unter den Eischnee ziehen. Das Backblech einfetten und mit Mehl bestauben.
Die Masse in einen Spritzbeutel mit Lochtülle Nr. 7 oder 8 füllen und auf das Backblech flache Plätzchen spritzen. Im Backofen auf der mittleren Schiene bei 120° mehr trocknen als backen. Nach etwa 2–3 Stunden sind sie gut, nämlich außen knusprig und innen schön weich.
Den Nougat in einem kleinen Gefäß im Wasserbad auflösen, wieder abkühlen lassen und die Japonaisplätzchen auf der Unterseite damit zusammensetzen.

# Makronen und Marzipangebäck

## Kokosmakronen

Zutaten für etwa 50 Stück:
*3 Eiweiß*
*300 g Puderzucker*
*300 g Kokosflocken*
*etwas Kirschsaft oder rote Lebensmittelfarbe*
Außerdem:
*Pergament- oder Backtrennpapier*

Zubereitungszeit: 60 Minuten
Ruhezeit: 2–3 Stunden
Backzeit: 15–20 Minuten

Das Eiweiß mit dem gesiebten Puderzucker schaumig rühren. Dabei ist die Küchenmaschine oder das elektrische Handrührgerät sehr hilfreich. Von dieser Eiweißmasse ½ Tasse zurückbehalten und mit Folie abdecken.
Die Kokosflocken unter die restliche Eiweißmasse rühren.
Das Backblech mit Pergament- oder Backtrennpapier auslegen. Mit einem nassen Teelöffel kleine Häufchen nebeneinander setzen und mit einem Kochlöffelstiel in die Mitte jeweils eine Vertiefung drücken.
Die zurückbehaltene Eiweißglasur mit etwas Kirschsaft oder roter Lebensmittelfarbe rosa einfärben und die Vertiefung damit auffüllen. Das geht besonders einfach mit einer Papiertüte.
Die Makronen etwa 2–3 Stunden trocknen lassen.
Den Backofen auf 160°–170° vorheizen.

Die Makronen auf der mittleren Schiebeleiste in 15–20 Minuten sehr hell backen. Sie sollen eine krosse Kruste haben, aber innen noch vollständig weich sein.

## Feigenmakronen

Zutaten für etwa 60 Stück:
*3 Eiweiß*
*250 g Puderzucker*
*120 g gehackte Feigen*
*100 g gehackte Datteln*
*150 g gehackte Mandeln*
*abgeriebene Schale von 1 Zitrone, unbehandelt*
*etwa 60 kleine runde Oblaten*

Zubereitungszeit: 60–70 Minuten
Ruhezeit: 2–3 Stunden
Backzeit: etwa 10–15 Minuten pro Blech

Den Eischnee wie für die Kokosmakronen zubereiten.
Die Feigen, die Datteln und die Mandeln sowie die Zitronenschale darunterheben. Mit einem nassen Teelöffel kleine Häufchen auf die Oblaten und diese auf Backbleche setzen. Die Makronen etwa 2–3 Stunden antrocknen lassen.
Den Backofen auf 160° vorheizen.
Die Makronen auf der mittleren Schiebeleiste in etwa 10–15 Minuten sehr hell backen. Auch sie sollen eine krosse Kruste haben und innen ganz weich sein.

## Walnußmakronen

Zutaten für etwa 45 Stück:
*½ Vanilleschote*
*3 Eiweiß*
*200 g Puderzucker*
*200 g gehackte Walnüsse*
*etwa 45 kleine runde Oblaten*
*halbe Walnüsse zum Garnieren*

Zubereitungszeit: 60 Minuten
Ruhezeit: 2–3 Stunden
Backzeit: etwa 30 Minuten

Die Vanilleschote aufschneiden und das Mark mit einer Messerspitze herauskratzen.
Die Eiweiß zu Schnee schlagen und etwa ⅔ des Puderzuckers langsam einrieseln lassen. Dann den restlichen Zucker, das Vanillemark und die gehackten Walnüsse unterziehen. Mit einem nassen Teelöffel kleine Häufchen auf die Oblaten setzen. Jedes mit einer halben Walnuß belegen. Die Makronen ungefähr 2–3 Stunden abtrocknen lassen.
Den Backofen auf 140–150° vorheizen.
Die Makronen auf der mittleren Schiebeleiste in etwa 30 Minuten mehr trocknen als backen. Sie sollen, wie alle Makronen, eine feste Kruste haben und innen weich sein. Sie sind sehr zart und zerbrechlich.

# Makronen und Marzipangebäck

## Spezialmakronen

| Zutaten für 150–200 Stück je nach Größe. |
|---|
| 450 g Marzipan-Rohmasse |
| 80 g geschälte, feingemahlene Mandeln |
| 450 g Zucker |
| abgeriebene Schale von ½ Zitrone, unbehandelt |
| 6 Eiweiß (knapp ¼ l) |
| Außerdem: |
| Pergament- oder Backtrennpapier, |
| Zucker zum Bestreuen |

Zubereitungszeit: 45 Minuten
Ruhezeit: etwa 2 Stunden
Backzeit: etwa 12 Minuten

Die Marzipan-Rohmasse mit den Mandeln, dem Zucker und der Zitronenschale verkneten und dann nach und nach das Eiweiß mit einem Holzspatel darunterarbeiten. Erst wenn sich das Eiweiß vollständig mit der Masse verbunden hat, jeweils die nächste Portion Eiweiß zugeben.
Backbleche mit Pergament- oder Backtrennpapier auslegen.
Die Masse in einen Spritzbeutel mit Lochtülle Nr. 6 füllen und kleine gleichmäßige Tupfen auf die Bleche spritzen. Mit Zucker bestreuen. Den überschüssigen Zucker mit einem Pinsel vom Blech nehmen. Die Makronen etwa 2 Stunden antrocknen lassen.
Den Backofen auf 150° vorheizen. Die Makronen auf der mittleren Schiebeleiste etwa 12 Minuten backen. Durch das Bestreuen mit Zucker sollen die Makronen eine besonders knusprige Oberfläche bekommen und außerdem dekorativ aufreißen. Die ideale Makrone ist außen knusprig und innen weich.
Die Makronen nach dem Backen etwa 5 Minuten abkühlen lassen und dann wenden. Dabei das Pergamentpapier umdrehen, so daß die Makronen unten liegen. Das Papier mit kaltem Wasser bepinseln. Nach einigen Minuten lassen sich die Makronen mühelos lösen.

## Makronenhütchen

| Zutaten für etwa 40 Stück: |
|---|
| 40 Spezialmakronen (Zubereitung s. nebenstehendes Rezept) |
| Für die Canache-Creme: |
| ⅛ l frische Sahne |
| 250 g Kuvertüre |
| 40 g Butter |
| 2 cl echter Rum |
| gestoßener Krokant zum Bestreuen |

Zubereitungszeit: 1 Stunde und 30 Minuten
Kühlzeit: etwa 2 Stunden insgesamt

Die Kuvertüre zerkleinern. Die Sahne in einem genügend großen Topf aufkochen, vom Herd nehmen und sofort die kleingeschnittene Kuvertüre zugeben und mit einem Schneebesen unterrühren, bis sie sich ganz aufgelöst hat. Die heiße Creme kühl stellen und in Abständen mit dem Schneebesen durchrühren, damit die Oberfläche keine Haut bekommt. Die nicht vollständig abgekühlte Creme in eine Schüssel umfüllen und schaumig schlagen, bis sie ihr Volumen mindestens verdoppelt hat.
Die Butter ebenfalls schaumig schlagen (sie muß von gleicher Konsistenz sein wie die Creme, damit sie sich mit ihr leicht verbindet) und unter die aufgeschlagene Creme rühren. Dann den Rum in kleinen Portionen unterrühren.
Die Unterseite der Makronen kegelförmig mit der Canache-Creme bestreichen. Im Kühlschrank absteifen lassen, dann bei Zimmertemperatur (etwa ½ Stunde) wieder warm werden lassen. Die Kuvertüre wie auf Seite 47 beschrieben verarbeiten, die Makronen damit überziehen und mit dem Krokant bestreuen.

# Makronen und Marzipangebäck

## Hägenmakronen

Diese luftigen Makrönchen sind ein ganz typisch schwäbisches Weihnachtsgebäck. Das in dieser Region beliebte Hagebuttenmark (Hägenmark) wird dafür verwendet.

| Zutaten für etwa 100 Stück: |
| --- |
| 5 Eiweiß |
| 500 g Puderzucker |
| Saft und abgeriebene Schale von ½ Zitrone, unbehandelt |
| 80 g Hagebuttenmark |
| 600 g geschälte, gemahlene Mandeln |
| Außerdem: |
| Backtrennpapier |

Zubereitungszeit: 40 Minuten
Ruhezeit: 2 Stunden
Backzeit: etwa 20 Minuten pro Blech

Das Eiweiß mit dem gesiebten Puderzucker am besten mit dem elektrischen Handrührgerät schaumig rühren. Eine Tasse von dieser Masse für den Guß zurückbehalten und mit Folie abdecken. Nun mit dem Schneebesen den Zitronensaft und die Zitronenschale unter die restliche Eiweißmasse rühren und dann das Hägenmark und die gemahlenen Mandeln.
3 Backbleche mit Backtrennpapier oder Pergamentpapier belegen und kleine, runde Makrönchen (am besten mit zwei nassen Teelöffeln von der Teigmasse abstechen) auf die Bleche setzen.
Mit einem Kochlöffelstiel in die Mitte eine Vertiefung drücken und die zurückbehaltene Glasur mit einem Teelöffel oder einer Papiertüte einfüllen. Die Makronen 2 Stunden abtrocknen lassen.
Den Backofen auf 160° vorheizen.
Die Makronen auf der mittleren Schiebeleiste etwa 20 Minuten backen.

### Variante: Himbeerschäumchen

Sie werden genauso wie die Hägenmakronen zubereitet, das Hägenmark wird nur gegen eingedicktes Himbeermark ausgetauscht.
100 g frische oder tiefgefrorene Himbeeren mit 80 g Zucker etwa 8–10 Minuten kochen. Erkalten lassen und durch ein feines Sieb streichen, damit die Kerne zurückbleiben. Vollständig abgekühlt wird es dann unter die Makronenmasse gezogen.

### Variante: Pecannußmakronen

Diese Makronen können auch ersatzweise mit Walnüssen gebacken werden, aber so richtig fein schmecken sie nur nach diesem Originalrezept zubereitet.

| Zutaten für etwa 100 Stück: |
| --- |
| 100 g getrocknete Feigen |
| 60 g Zitronat im Stück |
| 60 g getrocknete Datteln |
| 2 cl bester brauner Rum |
| 5 Eiweiß |
| 500 g Puderzucker |
| abgeriebene Schale von 1 Zitrone, unbehandelt |
| abgeriebene Schale von 1 Orange, unbehandelt |
| 500 g frisch gemahlene Pecannüsse |
| Außerdem: |
| kleine runde Backoblaten |

Zubereitungszeit: 50 Minuten
Ruhezeit: 2 Stunden
Backzeit: etwa 20 Minuten pro Blech

Die Feigen, das Zitronat und die entkernten Datteln feinhacken und in einer Schüssel mit dem Rum übergießen. Gut mit Folie abgedeckt etwa 2 Stunden ziehen lassen.
Das Eiweiß mit dem gesiebten Puderzucker in einer Schüssel schaumig schlagen.
Die Zitronen- und Orangenschale, die Nüsse und die eingeweichten Früchte zugeben und alles mit einem Holzspatel vermengen.
Die Backoblaten auf Backbleche verteilen. Mit einem nassen Kaffeelöffel kleine Teighäufchen daraufsetzen und diese etwa 2 Stunden antrocknen lassen.
Den Backofen auf 150° vorheizen.
Die Makronen auf der mittleren Schiebeleiste etwa 20 Minuten backen. Sie dürfen nur hellgelb werden.

# Makronen und Marzipangebäck

## Frankfurter Bethmännchen

| Zutaten für etwa 40 Stück: |
| --- |
| 200 g Marzipan-Rohmasse |
| 100 g Puderzucker |
| 100 g geschälte, gemahlene Mandeln |
| 2 cl Rum |
| 1 Messerspitze Salz |
| 1 Eiweiß zum Bestreichen |
| Mandelhälften |
| Für den Guß: |
| 100 g Puderzucker |
| 1 cl Rum · 2 cl heißes Wasser |

Zubereitungszeit: 1 Stunde und 30 Minuten
Backzeit: 3–4 Minuten

Die Marzipan-Rohmasse würfeln und mit dem Puderzucker, den feingemahlenen Mandeln, dem Rum und dem Salz auf der Arbeitsfläche zu einem glatten Teig verkneten und diesen halbieren. Daraus 2 Stränge von 40 cm Länge rollen und jeden in 20 Stücke teilen. Mit einem angefeuchteten Tuch zudecken, damit sie nicht antrocknen.
Die Stücke dann einzeln zu Kugeln rollen, jede etwas kegelförmig hochdrücken.
Den Backofen auf 250° vorheizen.
Das Eiweiß etwas verschlagen und die Marzipankugeln damit dünn bepinseln. Seitlich mit je 3 Mandelhälften besetzen.
Ein Backblech mit Pergament- oder Backtrennpapier auslegen, die Bethmännchen daraufsetzen und auf der mittleren Schiebeleiste im Ofen überbacken. Dabei den Bräunungsvorgang ständig überwachen, damit die Bethmännchen nicht zu dunkel werden.
Den Puderzucker mit dem Rum und dem Wasser verrühren und die noch heißen Bethmännchen damit bepinseln. Abtrocknen lassen, bevor sie in einer Dose aufbewahrt werden.

## Marzipanbrote

Das Rezept hierfür ist sehr einfach: Marzipan-Rohmasse wird im Verhältnis 2:1 mit Puderzucker verarbeitet. Zu beachten ist dabei folgendes: alle Geräte, die mit Marzipan und Puderzucker in Berührung kommen, müssen peinlichst sauber gehalten werden, weil sonst der Marzipan bei längerer Lagerung anfängt zu gären. Den Puderzucker also auf eine saubere Arbeitsfläche sieben, die Marzipan-Rohmasse würfeln und in einem Arbeitsgang mit dem Puderzucker zu einer glatten Masse verkneten. Aber nicht zu lange bearbeiten, weil sonst der Marzipan »ölig« werden könnte, (das Mandelöl trennt sich von den Feststoffen) und der Marzipan sich nicht mehr verarbeiten ließe. Für die Brote etwa 30 g schwere Stücke abwiegen, diese zunächst zu glatten Kugeln rollen und daraus dann längliche Brote formen. Mit dem Messer einkerben. Die Brote kann man nun wie die Bethmännchen bei ganz starker Hitze im Ofen bräunen oder über Nacht antrocknen lassen und dann mit Kuvertüre (wie auf Seite 47 beschrieben) überziehen.

## Marzipankartoffeln

Die im Verhältnis 1:2 verknetete Marzipan-Rohmasse zu einer Rolle formen und davon gleichmäßig große Stücke abschneiden. Diese zu Kugeln rollen und sofort in Kakaopulver wälzen. Überschüssiges Kakaopulver abklopfen und die Kartoffeln dann mit einem Messer einschneiden, geradeso, als wären sie aufgesprungen.

# Makronen und Marzipangebäck

## Makronenschnitten

Diese Makronenmasse wird auf dem Feuer (Gas- oder Elektroherd) abgeröstet, das heißt, das in der Masse enthaltene Eiweiß bindet durch leichtes Gerinnen. Am einfachsten ist es, wenn man den Eischnee gleich in dem Gefäß schlägt, in dem die Masse anschließend geröstet wird. Bei Gas als Energiequelle in einem halbkugelförmigen Kessel, weil sich das Eiweiß darin am leichtesten schlagen läßt. Beim Elektroherd wird das Eiweiß zuerst in einer Schüssel zu Schnee geschlagen. Abgeröstet wird dann in einem beliebigen Topf für Elektroherde.

| Zutaten für 60 Stück: |
| --- |
| *4 Eiweiß · 250 g Zucker* |
| *250 g Mandelblättchen* |
| *abgeriebene Schale von* |
| *1 Zitrone, unbehandelt* |
| *5 Oblaten, 12 × 20 cm* |
| *250 g Kuvertüre* |

Zubereitungszeit: 1 Stunde und 20 Minuten
Backzeit: 18–20 Minuten

Das Eiweiß in einer fettfreien Schüssel halbfest schlagen und den Zucker einrieseln lassen. Es soll ein dickflüssiger Eischnee sein, unter den die Mandeln und die abgeriebene Zitronenschale gerührt werden. Wenn nötig (beim Elektroherd) die Masse in einen entsprechend großen Topf umfüllen. Auf dem Herd unter ständigem Rühren (sehr wichtig, weil die Masse schnell anhängt) erhitzen, bis sie merklich an Bindung zunimmt und sich heiß anfühlt. Sofort auf die 5 Oblaten verteilen und mit einem nassen Messer glatt verstreichen.
Den Backofen auf 160° vorheizen.
Die Oblaten zuerst einmal längs teilen (das Messer ebenfalls vorher in Wasser tauchen) und diese Streifen dann in je 6 Stücke schneiden. Auf das Backblech legen und bei 160 °C etwa 18–20 Minuten hell backen. Abkühlen lassen.
Die Kuvertüre wie auf Seite 47 beschrieben verarbeiten.
Die Makronenschnitten zur Hälfte in die Kuvertüre tauchen. Die Unterseite am Schüsselrand gut abstreifen und die Schnitten auf Pergamentpapier legen.

## Eigelbmakronen

| Zutaten für 35–40 Stück: |
| --- |
| *250 g Marzipan-Rohmasse* |
| *60 g Butter* |
| *30 g Puderzucker* |
| *abgeriebene Schale von* |
| *½ Zitrone, unbehandelt* |
| *3 Eigelb* |
| *Außerdem:* |
| *Pergament- oder* |
| *Backtrennpapier* |
| *Belegkirschen und Mandeln zum* |
| *Garnieren* |

Zubereitungszeit: 60 Minuten
Backzeit: etwa 15 Minuten

Zuerst die Hälfte der Marzipan-Rohmasse mit der Butter und dem Puderzucker verarbeiten, bis sich die Butter vollständig mit dem Marzipan verbunden hat. Dann erst die restliche Marzipan-Rohmasse, die Zitronenschale und das Eigelb unterrühren. Die Masse soll nämlich nicht schaumig werden.
Den Backofen auf 170° vorheizen.
Die Masse in einen Spritzbeutel mit Sterntülle Nr. 7 füllen und beliebige Formen auf ein mit Pergament- oder Backtrennpapier ausgelegtes Backblech spritzen. Mit den Belegkirschen und Mandeln garnieren.
Auf der mittleren Schiebeleiste des Backofens schön goldgelb backen (etwa 15 Minuten). Etwas abkühlen lassen und dann vom Papier lösen. Sollten sie festkleben, mit dem Papier umdrehen und die Unterseite mit Wasser bepinseln. Nach einigen Minuten lassen sich die Makronen dann mühelos lösen.

# Makronen und Marzipangebäck

## Zimtsterne

Gemahlene Mandeln werden rasch ranzig. Deshalb die Mandeln möglichst immer selbst frisch mahlen.

| Zutaten für 60–80 Stück: |
| --- |
| 6 Eiweiß · 500 g Puderzucker |
| 500 g ungeschälte, gemahlene Mandeln |
| 2–3 Teel. gemahlener Zimt |
| Außerdem: |
| etwa 200 g gemahlene Mandeln zum Bestreuen der Arbeitsfläche |
| Butter zum Einfetten des Backblechs |

Zubereitungszeit: 2 Stunden
Ruhezeit: über Nacht
Backzeit: etwa 7–8 Minuten

Die Eiweiß mit dem Puderzucker vermischen und mit dem Schneebesen in einer Schüssel zu einem Eischnee von ganz fester Konsistenz schlagen. Dafür sollte man das elektrische Handrührgerät verwenden oder noch besser eine Küchenmaschine, weil das Schlagen eine recht mühselige und anstrengende Arbeit ist.
Von diesem fertigen Eischnee eine große Tasse abnehmen und als Glasur beiseitestellen.
Die gemahlenen Mandeln auf die Arbeitsplatte geben, mit dem Zimt vermischen und mit dem Eischnee zu einem leichten Teig verkneten.
Die Arbeitsfläche dünn mit gemahlenen Mandeln bestreuen und den Teig gleichmäßig etwa 1 cm dick ausrollen. Die Teigoberfläche mit der zurückgelassenen Glasur bestreichen.
Mit einem Sternausstecher werden nun die Zimtsterne ausgestochen. Damit die Glasur nicht am Ausstecher kleben bleibt, wird dieser immer wieder in kaltes Wasser getaucht. Eventuell mit den Fingern nachhelfen. Die Zimtsterne auf das eingefettete Backblech legen.
Die übriggebliebenen Teigreste wieder zusammenkneten. Da durch die Glasur der Teig etwas weicher wird, etwas gemahlene Mandeln hinzufügen. Dann den Teig auf die gleiche Art nochmals ausrollen, wieder mit der Glasur bestreichen und so weiter.
Die Zimtsterne möglichst über Nacht etwas abtrocknen lassen.
Den Backofen auf 160° vorheizen.
Die Zimtsterne auf der mittleren Schiene sehr hell backen. Die Oberfläche soll noch weiß sein. Das dauert je nach Backofen höchstens 7–8 Minuten. Sie sollen außen fest, aber innen noch weich sein.

## Basler Brunsli

Dieses Weihnachtsgebäck aus der Schweiz (es ist vor allem in Basel zuhause) ist mit den Zimtsternen recht verwandt. Allerdings werden beliebige Formen ausgestochen, wenn auch meist Herzen bevorzugt werden.

| Zutaten für etwa 50 Stück: |
| --- |
| 2 Eiweiß · 1 Eßl. Wasser |
| 50 g Zucker |
| 250 g ungeschälte, gemahlene Mandeln |
| 200 g Zucker |
| 100 g bittere Schokolade |
| 1 Messerspitze gemahlener Zimt |
| Zucker zum Ausrollen |
| Butter zum Einfetten des Backblechs |

Zubereitungszeit: 1 Stunde und 30 Minuten
Ruhezeit: über Nacht
Backzeit: 15 Minuten

Das Eiweiß mit dem Wasser und dem Zucker mit dem Schneebesen oder dem elektrischen Handrührgerät halbsteif schlagen.
Die Schokolade reiben. In einer Schüssel die Mandeln mit dem Zucker, der Schokolade und dem Zimt vermischen. Dann das halbsteif geschlagene Eiweiß zugeben und unterarbeiten.
Die Arbeitsfläche mit Zucker bestreuen, den Teig darauflegen und etwa 1 cm stark ausrollen. Herzen ausstechen und diese auf das gefettete Backblech legen. Etwa 5–6 Stunden oder besser noch über Nacht antrocknen lassen.
Den Backofen auf 160° vorheizen.
Die Plätzchen auf der mittleren Schiebeleiste 15 Minuten backen. Sie sollen wie die Zimtsterne außen kross, aber innen noch ganz weich sein.

# Spezialitäten

## Weihnachts-Baumstamm

Dieses französische Weihnachtsgebäck, das in Frankreich »Bûche de noël« heißt, wird immer aus hellem Biskuit, gefüllt mit Schokoladen-, Kaffee- oder Nußbuttercreme, zubereitet. Garniert wird der Baumstamm mit unterschiedlichsten Dekorationen, mal mit Blüten aus Schokolade, mal mit grünen Stechpalmenblättern aus Marzipan, oder, wie auf dem Bild, mit Pilzen aus Baisermasse.

| Für den Biskuit: |
| --- |
| 8 Eigelb · 100 g Zucker |
| 1 Messerspitze Salz |
| abgeriebene Schale von |
| ½ Zitrone, unbehandelt |
| 5 Eiweiß · 100 g Mehl |
| 20 g Speisestärke |
| Für die Creme: |
| 300 g Zucker |
| ⅛ l Wasser · 7 Eigelb |
| 70 g Kuvertüre |
| 400 g Butter |
| 50 g Kakao |
| Für die Garnitur: |
| Marzipanblätter |
| Pilze aus Baisermasse |
| Außerdem: |
| Pergament- oder |
| Backtrennpapier |

Zubereitungszeit: 2 Stunden
Backzeit: etwa 8–10 Minuten

Das Eigelb mit 1 Eßlöffel Zucker, dem Salz und der Zitronenschale verrühren, aber nicht schaumig schlagen.
Das Eiweiß mit dem restlichen Zucker steifschlagen. Die Eigelbmischung unter den steifen Schnee ziehen.
Das Mehl und die Speisestärke vermischen, durchsieben und vorsichtig in die Masse einrühren.
Den Backofen auf 240 °C vorheizen.
Ein Backblech mit Pergament- oder Backtrennpapier belegen und die Biskuitmasse am besten mit einer Winkelpalette oder einem Tortenmesser gleichmäßig aufstreichen. Auf der mittleren Schiebeleiste des Backofens etwa 8–10 Minuten backen, jedoch schon nach 6 Minuten nachsehen, damit der Biskuit nicht zu dunkel wird. Den fertig gebackenen Biskuit auf ein feuchtes Tuch stürzen und mit einem zweiten Tuch bedeckt abkühlen lassen.
Den Zucker mit dem Wasser bis zum Ballen (116°) kochen (s. Seite 7). Das Eigelb schön schaumig rühren, dann den gekochten Zucker in ganz dünnem Strahl am Schüsselrand hineinlaufen lassen. Währenddessen immer kräftig schlagen.
Die Kuvertüre im Wasserbad auflösen.
Die Butter mit dem Kakaopulver und der Kuvertüre schaumig rühren und mit der Eigelbmasse vermischen. Die Biskuitplatte mit der Hälfte der Buttercreme gleichmäßig bestreichen, aufrollen und außen ganz dünn mit der Creme bestreichen.
Die restliche Creme in einen Spritzbeutel mit kleiner Sterntülle (Nr. 4) füllen und die Oberfläche in Streifen damit garnieren. Der Rest bleibt der eigenen Phantasie überlassen.
Aus dem Baumstamm können 16–18 Stücke geschnitten werden.

# Spezialitäten

## Hutzelbrot

Es wird auch »Schnitzbrot« oder »Bierewecke« genannt und ist im gesamten schwäbisch-alemannischen Raum verbreitet. Diese »Hutzeln«, getrocknete Birnen, sind für den, der die Früchte nicht selbst trocknet, ab Spätherbst im Handel und Grundlage für dieses fruchtige Brot, das in der Advents- und Weihnachtszeit gegessen wird. Die ganz einfache Art, nämlich nur aus Birnen und Schwarzbrotteig, bestreicht man dann mit Butter. Beim folgenden Rezept ist das sicher nicht nötig, da es mit verschiedenen Trockenfrüchten verfeinert wird.

| Zutaten für 3–4 Brote: |
| --- |
| *500 g getrocknete Birnen* |
| *200 g getrocknete Feigen* |
| *300 g getrocknete Pflaumen* |
| *2 l Wasser* |
| *150 g geschälte Walnüsse* |
| *80 g Mandeln* |
| *150 g Orangeat* |
| *100 g Zitronat* |
| *300 g Rosinen* |
| *200 g Korinthen* |
| *1 Messerspitze gemahlene Nelken* |
| *1 Messerspitze gemahlenen Anis* |
| *je ¼ Teel. gemahlenen Zimt, Ingwer und Salz* |
| *12 cl (6 Schnapsgläser) Kirschwasser* |
| Für den Teig: |
| *450 g Mehl* |
| *20 g Hefe* |
| *knapp ¼ l Milch* |
| *30 g Zucker* |
| *½ Teel. Salz* |
| *Backtrennpapier* |

Einweichzeit: 24 Stunden insgesamt
Zubereitungszeit: 60 Minuten
Ruhezeit: 3 Stunden insgesamt
Backzeit: 1 Stunde und 10 Minuten

Die Birnen und die Feigen entstielen und mit den entsteinten Pflaumen in eine Schüssel geben. Mit dem Wasser übergießen und über Nacht weichen lassen.
Am nächsten Tag das Wasser abgießen, die Früchte in kleine Würfel schneiden und in die Schüssel zurückgeben.
Die Walnüsse und die Mandeln grobhacken und das Orangeat und das Zitronat in Würfel schneiden. Mit den Rosinen und den Korinthen zu den gewürfelten Früchten geben. Mit den Gewürzen vermischen und mit dem Kirschwasser übergießen. Zugedeckt über Nacht durchziehen lassen.
Das Mehl in eine Schüssel sieben, in die Mitte eine Vertiefung drücken, die Hefe hineinbröckeln. Diese mit der lauwarmen Milch auflösen und die Oberfläche mit Mehl bestauben. Zugedeckt an einem warmen Ort etwa 15–20 Minuten gehen lassen, bis der Vorteig deutliche Risse an der Oberfläche zeigt.
Den Zucker und das Salz zum Vorteig geben und einen sehr festen Teig kneten. Nochmals 20–30 Minuten gehen lassen und dann mit den Früchten so lange verkneten, bis alles gut miteinander vermischt ist.
Aus der Teigmischung 3–4 gleich große Brote formen.
Ein Backblech mit Backtrennpapier auslegen. Die Brote darauflegen und mit einem Tuch abgedeckt an einem warmen Ort etwa 2 Stunden gehen lassen.
Den Backofen auf 220° vorheizen.
Die Brote auf der unteren Schiebeleiste des vorgeheizten Backofens zunächst 10 Minuten anbacken, die Hitze dann auf 180° reduzieren und die Brote in weiteren 60 Minuten fertigbacken.
Aus dem Backofen nehmen, offen oder mit Pergamentpapier abgedeckt abkühlen lassen. Erst nach 1 oder 2 Tagen in Alufolie wikkeln. Darin halten sich die Brote, kühl aufbewahrt, 4–5 Wochen frisch.

# Spezialitäten

## Grittibänz

Sie sind die Schweizer Version vom »Nikolausmann«, einem Gebildegebäck, das in vielen Regionen bekannt ist und zum Nikolaustag gebacken wird. In Süddeutschland ist er der »Klaus« oder »Klausemann«, der im Württembergischen »Dombedei« genannt wird. Es handelt sich um Figuren, deren einziger Schmuck die beiden Korinthen sind, die als Augen in den Teig gedrückt werden.
Der Schweizer Grittibänz, der als »Chriddibenz« 1850 zum ersten Mal erwähnt wurde, ist wegen des üppigen »Schmucks« aus Teig eine Luxusausführung, gleichgültig, ob er vom Konditor oder aus der Hausbäckerei kommt.
Der Körper wird von einer Teigkugel ausgehend zuerst länglich gerollt und mit einem Messer von einer Seite bis zur Hälfte eingeschnitten. Daraus die Beine formen und die Arme seitlich einschneiden. Die Nikolausfiguren aus dem Rheinland sind schon etwas komplizierter. Oft reitet der Nikolaus auf einem Pferd, und die kleinen Tonpfeifchen sind obligatorisch.

---
Zutaten für 2–4 Figuren:
1 kg Mehl · 40 g Hefe
½ l Milch · 150 g Butter
120 g Zucker · 1 Teel. Salz
abgeriebene Schale von
1 Zitrone, unbehandelt
2 Eier · 2 Eigelb

---
Außerdem:
Butter für das Backblech,
etwas Wasser zum Bestreichen,
Korinthen, Pergament- oder
Backtrennpapier

---

Zubereitungszeit: 2 Stunden
Ruhezeit: etwa 1 Stunde und 30 Minuten
Backzeit: etwa 20–35 Minuten, je nach Größe

Das Mehl in eine Schüssel sieben, in die Mitte eine Vertiefung drücken, die Hefe hineinbröckeln. Die Milch erwärmen, zugießen und die Hefe auflösen. Diesen Vorteig mit etwas Mehl überdecken und zugedeckt gehen lassen, bis die Oberfläche deutliche Risse zeigt. In der Zwischenzeit die Butter schmelzen, den Zucker, das Salz, die Zitronenschale und die Eier zugeben und verrühren.
Diese Mischung zum Vorteig geben und einen glatten, lockeren Teig schlagen. Er soll weder zu weich noch zu fest sein und muß sich leicht formen lassen. Nochmals 15–20 Minuten gehen lassen.
Geformt werden die Figuren ausgehend von einer glatten Kugel, die erst einmal länglich gerollt wird. Dann formt man den Kopf. Die Arme, die Beine und der Hut werden mit dem mit etwas Wasser verschlagenen Eigelb befestigt. Die übrigen Garnierungen wie Bart, Nase, Augen und so weiter werden separat geformt oder ausgestochen und ebenfalls mit Eigelb befestigt.
Den Backofen auf 190° vorheizen.
Die Figuren auf ein mit Backtrennpapier ausgelegtes Blech legen und ausreichend (mindestens 20–25 Minuten) gehen lassen. Auf der mittleren Schiene des vorgeheizten Backofens je nach Größe 20–35 Minuten backen.

# Spezialitäten

## Panettone

Von der Entstehung dieses italienischen Weihnachtsgebäcks erzählt man sich eine märchenhafte Geschichte: In Mailand lebte einst ein verarmter Zuckerbäcker mit einer wunderschönen Tochter, die er hütete wie seinen Augapfel. Auch ein adeliger Jüngling mit Namen Ughetto della Tella fand die schöne Adalgisa zum Anbeißen. Um ihrer habhaft zu werden, trat er in die Dienste des Vaters und wurde bei ihm Konditor. Die Gunst des Alten aber erlangte er, indem er einen Weihnachtskuchen erfand, der das Trio über Nacht reich und für alle Zeiten berühmt machen sollte: den weltbekannten Panettone.

Die typische Form des Kuchens macht, zumindest außerhalb Italiens, oft Schwierigkeiten, weil die richtige Backform fehlt. Man kann ihn aber ohne Qualitäts- oder Geschmacksverlust in einem Ring oder in einer Springform backen. Oder einen Kochtopf mit den richtigen Maßen nehmen.

| |
|---|
| *650 g Mehl* |
| *40 g Hefe* |
| *¼ l Milch* |
| *200 g Butter* |
| *150 g Zucker* |
| *1 gestrichener Teel. Salz* |
| *abgeriebene Schale von 1 Zitrone, unbehandelt* |
| *1 Messerspitze Muskat* |
| *6 Eigelb* |
| *80 g gewürfeltes Orangeat* |
| *100 g gewürfeltes Zitronat* |
| *150 g Rosinen* |
| *80 g geschälte, gehackte Mandeln* |
| *Außerdem:* |
| *Butter zum Einfetten des Backblechs* |
| *Backtrennpapier* |
| *Pergamentpapier* |

Zubereitungszeit: 60 Minuten
Ruhezeit: etwa 1 Stunde und 30 Minuten insgesamt
Backzeit: etwa 1 Stunde und 30 Minuten

Das Mehl in eine Schüssel sieben, in die Mitte eine Vertiefung drücken, die Hefe hineinbröckeln und mit der lauwarmen Milch auflösen. Diesen Vorteig mit Mehl bestauben und 15–20 Minuten gehen lassen, bis die Oberfläche deutliche Risse zeigt.

Die Butter auflösen und den Zucker, die Gewürze und die Eigelbe dazugeben. Diese Mischung etwas schaumig rühren, zu dem Vorteig geben und einen glatten, lockeren Hefeteig rühren, bis er Blasen wirft. Zugedeckt nochmals etwa 20 Minuten gehen lassen.

Das Orangeat und das Zitronat mit den Rosinen und den Mandeln mischen und unter den Hefeteig kneten. Nochmals, mit einem Tuch zugedeckt, an einem warmen Ort 15–20 Minuten gehen lassen.

Ein Backblech mit Backtrennpapier auslegen und den Backring daraufstellen. Den Rand der Form mit einem leicht eingefetteten Pergamentpapier auslegen und den Teig einfüllen. Wieder 20–25 Minuten gehen lassen.

Den Backofen auf 190–200° vorheizen.

Den Kuchen auf der unteren Schiebeleiste des Backofens 80–90 Minuten backen. Mit einem Holzstäbchen kontrollieren, ob der Kuchen auch wirklich gar ist – es darf kein Teig daran kleben bleiben.

**Mein Tip:** Der Panettone ist kein Dauergebäck, sondern das Frühstücksbrot für die Festtage. Er kann aber unangeschnitten länger gelagert werden, wenn man ihn in Folie wickelt oder aprikotiert und mit Fondant glasiert.

Für letzteres werden 50 g Zucker mit 4 cl Wasser und 1 Teelöffel Zitronensaft aufgekocht, bis die Flüssigkeit klar ist, dann werden 100 g Aprikosenmarmelade zugegeben und unter Rühren etwa 4–5 Minuten gekocht. Mit dieser heißen Aprikotur den Panettone bepinseln und 10 Minuten trocknen lassen. Währenddessen den Fondant auflösen, wenn nötig, mit Eiweiß oder Zitronensaft verdünnen und das Gebäck dünn damit bestreichen.

# Alphabetisches Rezeptregister

**A**dventskalender 12
Anisplätzchen 30
Aprikosentaler 58
Aprikotieren 7
Arrakbrezeln 38
Aufbewahren von Weihnachtsgebäck 7

**B**acktechnik kurzgefaßt 6
Backtemperaturen 6
Backzeiten 6
Badener Chräbeli 30
Bärentatzen 72
Baiser-Baumbehang 32
Baseler Vollkornleckerli 22
Basler Brunsli 84
Baumbehang, Baiser- 32
Baumbehang, Makronen- 32
Braune Kuchen 8
Braune Kuchen mit Zitronenglasur 8
Brune Kager 60
Bûche de noël 86
Butterbrote 50
Butterplätzchen und Mürbgebäck 34 ff.

**C**hristbrot 70
Christstollen 64

**D**änische braune Kuchen 60

**E**igebäck, 28 ff.
Eigelbmakronen 82
Elisenlebkuchen 18

**F**eigenmakronen 74
Flüssiger Zucker 7
Fondant 7
Formen von Stollen 67
Frankfurter Bethmännchen 80

**G**arniertes Himbeergebäck 52
Gefüllter Heidesand 60
Gewürze 6
Gewürzgebäck 22 ff.
Gewürzschnitten 26
Gewürz-Schokoladenschnitten 26
Gewürzspekulatius 24
Glasuren 7
Grittibänz 90

**H**ägenmakronen 78
Haselnußtaler 48
Hefegebäck 62 ff.
Heidesand 60
Heidesand, Gefüllter 60
Himbeergebäck, Garniertes 52
Himbeerringe 52
Himbeerschäumchen 78
Himbeersternchen 34
Himbeertaler 58
Honigkuchen 8 ff.
Honigkuchen vom Blech 16
Honigkuchen, Schokoladen- 16
Husaren-Krapferln 48
Hutzelbrot 88

**I**schler Mandelschnitten 54

**K**nusperhäuschen 20
Kochen von Zucker 7
Kokosmakronen 74
Kuvertüre temperieren 47

**L**agern von Weihnachtsgebäck 7
Lebkuchen 8 ff.
Linzer Kranzerl 52

**M**ailänderli 50
Mandelschnitten, Ischler 54
Mandelstollen 70
Makronen und Marzipangebäck 72 ff.
Makronen-Baumbehang 32
Makronenhütchen 76
Makronenschnitten 82
Marzipan 6
Marzipanbrote 80
Marzipankartoffeln 80
Muskatzonen 40

**N**ougat-Halbmonde 34
Nuß-Japonais 72
Nußstangen, Schokoladen- 44

**Ö**sterreichischer Striezel 62
Orangenkekse 58
Orangenplätzchen 22
Orangenzungen 42

**P**anettone 92
Pangani 40
Pecannußmakronen 78
Pfeffernüsse, Schokoladen- 10
Pfeffernüsse, Vollkorn- 10
Pistazienstollen 71
Pomeranzenplätzchen 26

**R**heinische Spitzkuchen 14

**S**chokolade 6
Schokoladenbrezeln 38
Schokoladenherzen 56
Schokoladen-Honigkuchen 16
Schokoladen-Nußstangen 44
Schokoladenlebkuchen 18
Schokoladen-Pfeffernüsse 10
Schokoladenschnitten, Gewürz- 26
Schokoladen-Sirupkuchen 8
Schwäbische Butter-S 42
Schwarz-Weiß-Gebäck 37
Spekulatius 24
Spezialmakronen 76
Spitzkuchen, Rheinische 14
Springerle 28
Spritzgebäckschleifen 44
Stollen 64 ff.
Stollen formen 67
Striezel, Österreichischer 62

**V**anillekipferl 54
Vollkornleckerli, Baseler 22
Vollkorn-Pfeffernüsse 10

**W**alnußherzen 56
Walnußmakronen 74
Weihnachts-Baumstamm 86

**Z**artes Buttergebäck 34
Zimtsterne 84
Zitronenglasur, Braune Kuchen mit 8
Zopfgebäck 62
Zucker, Kochen von 7

# Backvergnügen wie noch nie

### Hannelore Blohm
**Backen nach Großmutters Art**

So gelingen Backgenüsse von einst. Das preiswerte Backbuch mit den raffinierten Backgeheimnissen – neu entdeckt und erprobt. 72 Seiten, 25 Farbfotos. Paperback.

### Eva und Ulrich Klever
**Das große Buch vom Brotbacken**

Knusprig-frisches Brot selberbacken – mit diesem Brotbackbuch der Sonderklasse gelingt's sicher und in jedem Backofen. Ob frische Alltagsbrötchen oder gesunde Vollkornbrote, ob würzige Festtags- oder dekorative Gebildbrote – hier sind alle guten Brot-Ideen versammelt, für jeden Anlaß und für jeden Geschmack. 132 Seiten, 12 große Farbtafeln. Farbiger Glanzeinband.

### Christan Teubner/ Annette Wolter
**Backvergnügen wie noch nie**

Das erste große vollfarbige Bild-Backbuch für alle Anlässe. Mit den besten Back-Ideen der Welt: von Großmutters Napfkuchen und großer Torten-Nostalgie, klassisch-raffinierter Weihnachtsbäckerei bis zu den beliebtesten Obstkuchen. Von rustikalen Brotlaiben, Brezen und Schmalzgebäck bis zu verführerischen Pizza-Variationen. 320 Seiten, 400 Farbfotos. Farbiger Glanzeinband. Großformatiger Geschenkband. Silbermedaille.

### Ingrid Früchtel
**Das große Vollkorn-Backbuch**

Das umfassende alternative Backbuch: alles über Backen mit Vollgetreide und naturbelassenen Zutaten. Neue Rezept-Ideen für Brot, Kuchen, Plätzchen, Strudel, Waffeln, pikantes Backwerk und vieles mehr. Hier gelingt alles und schmeckt köstlich. 132 Seiten, 12 große Farbtafeln. Farbiger Glanzeinband.

Die schönsten und beliebtesten Backbücher von Gräfe und Unzer, dem führenden Kochbuch-Verlag.

**GU**
**Gräfe und Unzer**

Farbfotos auf dem Einband:
Vorderseite: Knusperhäuschen (Rezept Seite 20).
Rückseite: oben, von links nach rechts: Zimtsterne und Basler Brunsli (Rezepte Seite 84), Baiser-Baumbehang (Rezept Seite 32), Braune Kuchen (Rezept Seite 8).
Unten, von links nach rechts: Orangenplätzchen und Baseler Vollkornleckerli (Rezept Seite 22), Panettone (Rezept Seite 92), Himbeerringe und Linzer Kranzerl (Rezepte Seite 52).

CIP-Kurztitelaufnahme der Deutschen Bibliothek

Teubner, Christian

Weihnachtsbäckerei : d. neue Bildbackbuch – jedes Rezept mit Farbfoto / Christian Teubner. – München : Gräfe und Unzer, 1983.

ISBN 3-7742-5214-9


1. Auflage 1983
© Gräfe und Unzer GmbH München
Alle Rechte vorbehalten. Nachdruck, auch auszugsweise, sowie Verbreitung durch Film, Funk und Fernsehen, durch fotomechanische Wiedergabe, Tonträger und Datenverarbeitungssysteme jeder Art nur mit schriftlicher Genehmigung des Verlages.

Farbfotos: Christian Teubner
Redaktion: Nina Andres
Einbandgestaltung: Heinz Kraxenberger
Satz und Druck: Druckerei Georg Appl
Reproduktion: Brend'amour, Simhart & Co.
Bindung: R. Oldenbourg

ISBN 3-7742-5214-9

**Christian Teubner**
ist seit vielen Jahren vielbeschäftigter gastronomischer Fotograf. In seinem Studio für Lebensmittelfotografie entstehen Meisterwerke kulinarischer Aufnahmen, und aus seiner Probeküche kommen verlockende Kreationen von neuen Rezepten. Christian Teubners Arbeiten sind in ganz Europa ein Begriff, denn wo es um Küche und Keller geht – ob Buch, Plakat, Film oder Zeitschrift – erkennt man seine »Handschrift«.